나는 왜 고전이 좋았을까

나는 왜
고전이
좋았을까

오래된 문장이 건네는
따뜻한 위로

신은하 지음

더케이북스

Prologue

고전 읽기 좋은 나이,
고전이 필요한 인생

고전은 언제 읽는 것이 좋을까?

가치관과 정체성이 형성되는 청소년기에 읽는 것이 가장 좋다고들 하지만, 안타깝게도 요즘 우리나라 청소년들은 하나같이 책 읽을 시간이 없다고 말한다. 시간이 없기도 하지만, 더 정확하게 말하자면 마음의 여유가 없다고 하는 게 맞을 것 같다. 학교 수업, 방과 후 학원, 과외 혹은 독서실로 이어지는 일과 속에서 아이들은 쫓기듯이 살아간다. 그러니 간신히 짧은 틈이라도 생기면 운동을 하거나, 게임을 하거나, 유튜브 영상을 보게 되지 굳이 골치 아픈 고전문학을 펼치려는 아이들은 드물다.

그래서 나는 종종 생각한다. 이 바쁜 와중에도 마음을 다잡고, 고전문학 한 권을 펼쳐 읽어내는 청소년이 있다면, 그는 이미 남다른 선택을 한 사람이라고. 《호밀밭의 파수꾼》 《데미안》 《어린 왕자》 《변신》 《월든》 같은 책들을 읽고 토론하며 자기 생각을 글로 표현할 수 있다면, 그것만큼 값진 공부가 또 있을까. 그것이야말로 시험을 위한 지식이 아니라, 삶을 위한 진짜 공부가 될 것이다.

얼마 전 고등학교 토론·논술 수업에서 학생들에게 프랑스 철학자 장 폴 사르트르의 말을 인용해 퀴즈를 낸 적이 있다.

"인생은 B와 D 사이의 C입니다. 여기서 각각의 약자가 가리키는 것은 무엇일까요?"

많은 학생이 우리의 인생이 Birth(탄생)와 Death(죽음) 사이의 Choice(선택)임을 잘 알고 있었다. 나는 그들에게 태어남과 죽음은 스스로 선택할 수 없는 불가항력이지만, 그 사이의 수많은 선택은 우리 각자의 몫이라고 말했다. 그리고 그 많은 선택 가운데 '독서'라는 선택도 꼭 들어 있으면 좋겠다고 강조했다.

우리는 매일 수많은 선택을 하며 살아간다. 어떤 선택은 하루의 기분을 바꾸고, 어떤 선택은 평생을 뒤흔든다. 결국 좋은 인생이란 좋은 선택이 쌓여 이루어진다는 사실을 누구나 안다.

　놀랍게도 고전문학 속에는 인간이 직면한 가장 인상적이고, 치명적이며, 중대한 선택들이 고스란히 담겨 있다. 햄릿은 "사느냐, 죽느냐"의 기로 앞에서 고뇌했고, 안나 카레니나는 가정과 사랑 사이에서 흔들렸다. 이반 일리치는 죽음을 앞두고서야 비로소 자신이 걸어온 길이 허상이었음을 깨달았다. 고전을 읽는다는 것은 이처럼 타인의 선택을 미리 만나보는 일이다. 그들의 이야기는 곧 우리 삶에 닥쳐올 수많은 시험 문제를 풀기 위한 힌트가 되어 준다.

　최근 참여하고 있는 시립도서관 고전문학 북클럽에는 가입 문의가 꾸준히 늘고 있다. 고전 읽기에 대한 사회적 관심이 높아지고 있다는 반가운 징후다. 세상은 눈부신 속도로 최첨단 AI 시대로 나아가고 있지만, 사람들의 마음 한편에는 오히려 오래된 고전에 대한 갈증이 깊어지고 있다. 왜일까? 아마도 디지털 기술 덕분에 손쉽게 정보를 얻고, SNS를 통해 수많은 이들과 연결되어 있지만, 정작 진정한 사유는 줄어들고, 마음과 마음 사이의 거리는 점점 더 멀어지고 있다고 느끼기 때문일 것이다. 그래서인지 유난히 고전문학이 던지는 인간 존재의 본질과 삶의 의미에 관한 깊은 질문이 더욱 소중하게 다가온다.

요즘 나는 학세권도 역세권도 아닌 '도세권'으로 이사한 뒤, 시간이 날 때마다 도서관으로 향한다. 빌릴 책이 많을 땐 바구니 달린 자전거를 타고 간다. 숲이 보이는 도서관 창가 자리에 앉아 책장을 넘기다 보면 창밖으로 눈이 내리고, 비가 내리고, 새순이 돋고, 꽃이 피고, 낙엽이 진다. 사계절을 고스란히 품은 창밖 풍경을 바라보며, 젊은 날 휘리릭 넘기던 고전 속 문장들을 이제는 천천히 넘기며 가슴에 담는다. 그저 '글'이었던 문구들이, 어느새 내 삶의 이야기로, 조용한 위로로 말을 걸어온다.

고전은 우리에게 '삶은 태어나는 순간부터 고통과 결핍의 연속'이라고 말해준다. 이 불완전한 삶을 어떻게 살아야 할지 명쾌한 해답을 주는 대신 함께 고민하고 성찰하도록 이끈다. 수많은 인물의 인생 여정을 통해 자연스레 내 삶의 끝자락을 미리 떠올리게 하고, 한 문장 한 문장을 곱씹으며 지나온 삶을 반추하게 한다. 여러 도서관과 기관, 학교 등에서 '고전문학 함께 읽기' 프로그램을 진행하며, 고전의 맛과 멋을 나누다 보면, 혼자 읽던 문장이 타인의 시선을 만나 전혀 다른 울림으로 다가오기도 한다. 고전은 혼자 읽어도 좋지만, 함께 읽을 때 더 오래, 더 깊이 남는다는 사실을 알게 된다. 박경리의 《토지》, 톨스토이의 《안나 카레니나》, 멜빌의 《모비 딕》 같은 벽돌 고전도 결국 '함께 읽기'의 힘으로 완독할 수 있었다.

이 책은 그런 시간의 기록이다. 고전 속에서 발견한 슬픔과 위로, 질문과 해답, 그리고 무엇보다 나 자신을 다시 일으켜 세운 문장들에 대한 조용한 사랑 고백이다. '왜 고전이 좋은가'를 설명하려는 것이 아니라, '나는 왜 고전이 좋았을까'를 돌아보며, 함께 읽은 이들과 나눈 따뜻한 온기를 담고자 했다. 그렇게 고전은 과거의 이야기지만, 지금을 살아가는 우리 모두의 이야기다. 시간의 풍파를 견뎌낸 문장 속에는 여전히 사람의 마음을 움직이는 힘이 있다. 나는 그 오래된 문장 앞에서 자주 멈추고, 울컥한다.

고전은 마법 같다. 청소년기에 읽은 고전을 청년기와 중·장년기에 다시 읽으면, 그때마다 전혀 다른 얼굴로 다가온다. 나는 중년에 들어서면서 본격적으로 고전을 읽기 시작했다. '인생이 쉽지 않다'라는 것을 체험으로 아는 나이가 되자, 고전은 훨씬 더 깊고 따뜻하게 다가왔다. 오늘도 나는 책을 사랑하는 이들과 함께 고전의 세계로 다시 발을 내디딘다. 고전은 여전히 묵직하지만, 더 이상 두렵지 않다. 고전에 마음이 끌리는 지금, 함께 읽을 동지를 찾아보자. 바로 지금이, 어쩌면 당신 인생에서 고전을 읽기에 가장 좋은 때일지도 모른다.

Contents

Prologue
고전 읽기 좋은 나이, 고전이 필요한 인생　004

Part 1
나는 왜 고전이 좋았을까

나의 케렌시아에서 고전에 기댄 시간　017

고전이 정말 인생을 바꿔줄까요?　023

다음 버스를 기다리게 하는 힘　029

웅덩이에 물을 채우듯이, 우물을 깊이 파듯이　036

마흔, '진짜 공부'가 시작되는 나이　041

Part 2
흔들리지 않는 삶이 어디 있으랴

존재 그 자체로 존재할 수 있도록 - 프란츠 카프카 《변신》 **049**

사춘기 가정마다 꼭 있는 홀든 콜필드
- J.D. 샐린저 《호밀밭의 파수꾼》 **057**

부끄럼 많은 생애를 위한 위로 - 다자이 오사무 《인간 실격》 **064**

문제는 언제나 '마음'이야, 바로 내 마음 - 나쓰메 소세키 《마음》 **072**

편견을 내려놓는 순간, 비로소 보이는 것들
- 레이먼드 카버 《대성당》 **078**

오르막만 있는 인생은 없다 - 레프 톨스토이 《이반 일리치의 죽음》 **083**

Part 3
사랑이라는 이름으로, 우리는 서로를 견디어낸다

부모 노릇, 그 고단함에 대하여 - 오노레 드 발자크 《고리오 영감》 **093**

누구도 막을 수 없는 진격의 어머니 - 로맹 가리 《새벽의 약속》 **101**

진짜 사랑을 구별하는 법 - 서머싯 몸 《인생의 베일》 **109**

성장하는 삶, 소멸하는 삶 - 레프 톨스토이 《안나 카레니나》 **116**

사랑이 필요한 세상 - 에밀 아자르 《자기 앞의 생》 **124**

서로에게 가장 특별한 존재 - 앙투안 드 생텍쥐페리 《어린 왕자》 **130**

Part 4
슬픔을 안고도 아름다움을 바라보라

앞만 보고 달려온 직장인의 슬픈 자화상
- 가즈오 이시구로 《남아 있는 나날》　**139**

세일즈맨으로 살아가는 우리 모두에게
- 아서 밀러 《세일즈맨의 죽음》　**145**

'안하는 편'을 택하겠습니다　- 허먼 멜빌 《필경사 바틀비》　**152**

끊임없이 모래를 퍼내는 인생　- 아베 코보 《모래의 여자》　**157**

화려하지 않은, 그러나 단단한 삶　- 존 윌리엄스 《스토너》　**166**

천복을 따르는 자의 기쁨과 슬픔　- 앙투안 드 생텍쥐페리 《야간 비행》　**173**

Part 5
완벽하지 않아도, 길은 계속된다

무 자르듯 둘로 가르는 이분법 사회　- 이탈로 칼비노 《반쪼가리 자작》　**181**

부조리한 세계를 정직하게 사는 법　- 알베르 카뮈 《이방인》　**188**

가짜 뉴스가 만든 진짜 비극
- 하인리히 뵐 《카타리나 블룸의 잃어버린 명예》　**194**

우리가 꿈꾸는 리더, 우리가 꿈꾸는 세상　- 윌리엄 골딩 《파리대왕》　**202**

집념과 집착, 그 아슬아슬한 경계　- 허먼 멜빌 《모비 딕》　**207**

고작 외투 하나를 잃었을 뿐인데　- 니콜라이 고골 《외투》　**212**

Part 6
흔들림 속에서도 '나'로 살아가기

뜬금없이 내면의 북소리가 들려온다면 - 서머싯 몸 《달과 6펜스》 221

나는 누구를 기다리는가 - 사무엘 베케트 《고도를 기다리며》 228

간소하게, 간소하게, 간소하게 살라 - 헨리 데이빗 소로 《월든》 234

끝내 패배하지 않는 삶 - 어니스트 헤밍웨이 《노인과 바다》 240

차마 말할 수 없어 글이 되었고, 견딜 수 없어 문학이 되었다
- 박경리 《토지》 245

세상의 소음 속에서도 나를 잃지 않게 하는 글쓰기
- 조지 오웰 《나는 왜 쓰는가》 252

Epilogue 259

어쩌면 고전이란 읽는 이에게만

조심스레 문을 열어주는

'비밀의 화원' 같은 것인지도 모른다.

그 고전 속 다정한 속삭임과

통찰을 놓치지 않기 위해서,

나는 오늘도 한 권의 고전을 펼친다.

Part 1

나는 왜
고전이
좋았을까

나의
케렌시아에서
고전에 기댄 시간

몇 년 전 《트렌드 코리아》 시리즈를 통해 널리 알려진 '케렌시아(Querencia)'는 피난처, 안식처를 뜻하는 스페인어다. 원래는 투우장에서 소가 투우사와의 마지막 결전을 앞두고 잠시 숨을 고르며 에너지를 비축하는 장소를 일컫는 말이다. 그 책에서는 각종 스트레스에 시달리는 현대인에게도 자신만의 피난처가 필요하며, 앞으로 다양한 형태의 케렌시아가 트렌드로 자리 잡으리라 예측해 화제가 됐다. 예기치 못한 팬데믹 시기를 거치며 이 트렌드는 더욱 강화되었다. 형식과 장소는 제각각이지만, '나만의 케렌시아가 어딘가에 있었으면 좋겠다'라는 바람에는 많은 이들이 공감했다. 그 케렌시아가 누군가에게는 조용한 동네 카페일 수도 있고, 무인 책방이나 뒷산 산책로일 수도 있다. 어떤 이는 주차장에 차를 세운 채, 차 안에서 한참을 머물다 나온다고도 한다.

그렇다면 나의 케렌시아는 어디일까. 곰곰이 돌아보면, 나에게도 인생의 고비마다 '동굴'로 기어들어 가듯 찾아가던 곳이 있었다. 바로 동네 시립도서관의 '종합열람실'이다. 목표를 이루지 못해 좌절하거나, 사회생활에서 상처를 받았거나, 인생의 궤도를 수정해야 하는 전환기를 맞이할 때마다 나는 그곳을 찾곤 했다. 열람실 창가 자리에 조용히 앉아 실패를 복기했고, 무너진 자존감을 다독였으며, 다음 걸음을 계획했다. 거주지를 옮길 때마다 자주 찾는 도서관은 달라졌지만, 햇살 가득한 통유리창 앞 좌석에 앉아 책에 기대어 보낸 시간이 있었기에 나는 다시 일어설 수 있었고, 세상 속으로 나갈 용기를 낼 수 있었다.

가장 처음 도서관을 케렌시아로 삼았던 때는 대학교 1학년, 신입생 시절이었다. 적성에 맞지 않던 전공에 좀처럼 적응하지 못하고 1학기 내내 방황했다. 학교를 계속 다녀야 할지, 재수를 해야 할지 갈피를 잡지 못했다. 수업을 빼먹고 학교보다 집 근처 시립도서관 종합열람실을 찾는 날이 더 많았다. 인생의 의미가 무엇인지, 어떻게 살아야 할지 막막했던 청춘의 그 시절, 열람실의 책들은 내게 심리적 처방전을 써주었고, 걸어갈 방향의 약도를 그려주었다. 그곳은 나를 살려준 심리적 CPR의 장소이자, 첫 번째 피난처였다.

대학원을 졸업한 후 다국적 외국 기업에 취직하고, 결혼하고, 첫 아이를 갖게 되고, 내 인생이 비교적 순조롭게 흘러가던 동안엔 도서관을 찾을 일이 별로 없었다. 하지만 회사를 임신 5개월의 몸으로 덜컥 그만두고 나온 뒤, 다시 도서관으로 향해야 했다. 이제 영영 일터로 나가지 못할지도 모른다는 경력 단절의 불안감이 엄습해 올 때마다, 나를 다독여줄 장소가 필요했다. 그곳에서 읽은 에세이와 시집, 소설들은 명목상 태교였지만, 사실은 나 자신을 위한 깊은 위로였다.

하루가 다르게 불러오는 배를 안고 매일 출근 도장을 찍다시피 도서관을 찾았다. 첫아이가 태어나기 일주일 전까지도 도서관에 갔으니, 사서 선생님이 "어머~ 새댁, 배가 밑으로 많이 내려왔어요. 이제 곧 아기가 나올 것 같아요."라며 걱정 어린 눈길을 보내는 것도 무리는 아니었다. 까딱 잘못하다가는 도서관에서 앰뷸런스를 불러야 할지도 모르는 상황이었으니까. 결국, 출산 5일 전부터는 주변의 만류로 집에 머물렀으니, 그때도 분명 나의 케렌시아는 도서관이었다.

마흔 무렵, 열혈 워킹맘이던 내게 또다시 위기가 찾아왔다. 회사 일도, 사춘기 자녀 교육에도 동시에 빨간불이 켜지기 시작했다. 옴짝달싹할 수 없는 무력감이 자주 나를 흔들었다. 나에게 주어진 의무에 매여 언제까지 이렇게 살아야 하는 것일까. 회의가 밀려들었다. 그러다 우연히 (故)구본형 선생님의 책을 통해 '변화경영연구소'와 새벽 기상 프로그램을 알게 되었고, 100일과 200일을 거쳐, 300일의 여정에 참여하게 되었다. 매일 새벽 4시에 일어나 모닝 페이지를 쓰고, 책을 읽었다. 매주 도서관 열람실에서 책을 빌려와 주말마다 독서를 이어갔다. 그때 읽기 시작한 고전문학은 나와 타인을 이해하는 데 큰 도움이 되었다. 예나 지금이나 인간의 고민은 크게 다르지 않다는 사실이 놀라웠다. 내가 지금 품고 있는 인생의 고민과 회의도, 수많은 이들이 이미 지나온 길임을 알게 되니 한결 마음이 놓였다. 그때 읽은 책 속에서 나는 다른 사람의 인생으로 빠져들어 함께 뒹굴고 고민하고 문제를 극복하고 이겨내며 한층 성장했다. 위기 신호가 감지되어 찾아간 케렌시아에서 나는 용기를 얻고, 삶을 대하는 유연한 자세를 배우고, 나와 타인을 좀 더 객관적으로 볼 수 있는 눈을 장착한 채 세상으로 출격했다. 회사 일도, 자녀와의 관계도… 변한 건 아무것도 없었지만, 내가 변화되니 훨씬 여유를 갖고 상황에 접근할 수 있었다. 제대로 숨을 고르고 에너지를 비축했구나, 싶었다.

그 뒤로도 나는 쉼 없이 달려오며 긴 직장생활을 이어왔다. 그리고 지금, 인생의 2라운드를 준비하는 전환기 앞에 다시 섰다. 이제 남은 나의 삶은 어떤 그림으로 채워질까. 새로운 미래를 써 내려가기 위해, 나는 다시 도서관으로 돌아왔다. 요즘 나는 이곳에서 고전문학을 읽고, 매일 글을 쓴다. 방황하던 젊은 시절과 불안했던 마흔의 시기를 지나, 이제는 제법 느긋하고 여유로워진 마음으로 고전을 마주한다. 고전 속 인간 군상들의 희로애락을 이제는 경험으로, 마음으로 받아들일 수 있는 나이가 되었다. 그래서일까, 다시 만나는 고전이 훨씬 더 재미있고 맛깔스럽다. 나의 케렌시아가 도서관이라는 사실이 새삼 감사하게 느껴진다. 도서관에 들어서서 책으로 가득한 선반을 마주할 때마다, 남은 삶을 잘 헤쳐 나가도록 도와줄 단단한 무기와 나침반이 이토록 많다는 사실에 마음이 든든해진다. 열심히 살아온 중년의 사람들에게 인생 2막의 시작은 설레면서도 두렵기 마련이다. 더 가치 있는 시간, 더 의미 있는 시간을 써나가기 위해서. 내가 삶 속에서 쌓고 깨달은 많은 것들을 누군가와 나누기 위해 오늘도 나는 도서관에 간다. 나의 케렌시아는 언제나 나를 환대한다.

고전이 정말
인생을
바꿔줄까요?

―

초등학교 3학년 때까지 경기도 광주의 시골 마을에서 살았던 나는 우리 집안에서 보기 드문, '양갓집 규수'였다. 성적표의 대부분 과목이 '양' 아니면 '가'였다. 그래도 그 시절만 생각하면 지금도 입가에 미소가 저절로 번진다. 놀이가 일상이자 숙제였던 시절이다. 학교에서 돌아오면 마루에 가방만 던져두고 밖으로 나갔다. 봄이면 아지랑이 피어오르는 들판에서 냉이와 쑥을 캤고, 여름에는 개울가에서 멱을 감고, 송사리와 미꾸라지를 잡았으며, 버들피리 꺾어 신나게 피리 불면서 놀았다. 비료 포대자루에 들어가 언덕을 미끄러지듯 타고 내려오면서 꽥꽥 환호성을 질렀다. 동네 어귀에는 백 년도 더 되었을 법한 느티나무가 있었고 어른들은 그 나무에 그네를 매달아주었다. 동네 아이들이 그네 타려고 하나둘씩 모여들면 자연스럽게 '함께 놀이'가 시작되었다. 날쌘 남자아이들은 그 나무 중턱까지 올라가 저 멀리 이웃 동네까지 내다보았다. 느티나무 둘레에 모여든 아이들은 술래잡기, 자치기, 오징어게임, 사방치기, 땅따먹기, 고무줄놀이, 말뚝박기 등 날마다 레퍼토리를 바꿔가며 놀았다. 해질 무렵 드라마 '응팔(응답하라 1988)' 속 '쌍문동' 엄마들이 그랬던 것처럼, 각자의 엄마들이 밥 먹으러 오라고 큰 소리로 아이들을 불러야 우리의 놀이는 끝났다.

온갖 놀이를 다 섭렵하느라 공부가 무엇인지, 성적을 올리려면 어떻게 해야 하는지, 그 당시의 나는 도무지 '감'이라는 것이 없었다. 내 삶의 중심에는 '공부'보다 훨씬 더 재미있는 것들이 가득했다. 그러다가 부산으로 이사해 전학 간 첫날, 나는 충격을 받았다. 부산에서도 교육열이 높기로 유명한 그 동네의 아이들은 '진지하게' 공부라는 걸 하고 있었다. 느긋했던 시골 아이가 도시의 속도에 허둥대기 시작했다. 도시의 골목은 시골처럼 아이들을 다정하게 품어주지 않았다. 그러던 어느 날, 어머니가 집을 방문한 외판 사원에게 '금성출판사 소년 소녀 세계 명작 전집' 60권을 할부로 사는 일이 벌어졌다. 바야흐로 내 인생의 첫 번째 전환점이 시작된 순간이었다.

처음엔 그냥 한 권, 두 권 재미 삼아 꺼내 읽기 시작했는데 어느 순간 책 속 이야기가 고무줄놀이나 공기놀이보다 훨씬 더 재미있었다. 그 전집은 그야말로 '꽝'이 하나도 없는 선물 뽑기 상자였다. 《빨간 머리 앤》《작은 아씨들》《키다리 아저씨》《몽테크리스토 백작》《해저 2만 리》《명탐정 셜록 홈스》《비밀의 화원》《하늘을 나는 교실》《플랜더스의 개》《소공녀》… 열거하자면 끝도 없는 온갖 흥미로운 이야기가 넘쳐났다. 4학년 여름방학부터 불붙기 시작한 나의 독서는 놀랍게도 단숨에 내 성적까지 바꿔버렸다. 그저 이야기책을 읽었을 뿐인데 5학년 성적표에 나뭇잎이 '우수수' 떨어지기 시작하더니, 6학년 때에는 전 과목 '수', 기말고사 11과목 만점이라는 기염을 토하며 난생처음 전교 1등도 맛보게 했다. 그야말로 '양갓집 규수'의 인생 역전이었다. 갑자기 좋아진 성적으로 나는 부모님과 선생님들의 관심 밖에 있다가 주목을 받기 시작했다. 변방에도 드디어 북소리가 울리기 시작한 셈이다.

나는 왜 그렇게 이야기책 속으로 빠져들었을까? 사실 인간은 누구나 이야기를 좋아한다. 재미있는 이야기에는 남녀노소 모두가 끌린다. 어떤 이야기는 잊히지 않고, 오래도록 마음속에 머문다. 그렇게 오랜 세월을 거쳐 전해진 이야기를 우리는 '고전'이라고 부른다. 고전은 시대를 건너 살아남은 가장 강력한 이야기들이다. 단순히 오래된 책이 아니라, 인간의 본성과 감정을 꿰뚫는 통찰이 고스란히 담긴 비범한 텍스트다. 환상 문학의 대가, 이탈로 칼비노는 그의 책 《왜 고전을 읽는가?》에서 '고전'의 정의를 이렇게 말했다.

"고전이란 다시 읽을 때마다 처음 읽는 것처럼 무언가를 발견하게 해주는 책이다. 우리가 처음 읽을 때조차 이전에 읽은 것 같아 다시 읽는 느낌을 주는 책이다."

요즘 나는 어린 시절 청소년용 요약본으로 읽었던 고전들을 완역본으로 다시 읽고 있다. 줄거리를 훑는 데 그쳤던 예전과 달리 이제는 문장 하나, 표현 하나에 천천히 머문다. 《레 미제라블》과 《죄와 벌》을 읽으며, 빅토르 위고와 도스토옙스키가 19세기에 써 내려간 문장을 21세기의 내가 다시 읽고 있다는 사실이 새삼 놀랍고도 뭉클하다. "좋은 책을 읽는다는 것은, 몇백 년 전에 살았던 가장 훌륭한 사람과 대화하는 것"이라고 했던 프랑스 철학자, 르네 데카르트의 말을 실감하는 순간이다. 시간의 터널을 넘어, 작가와 독자가 조용히 마주 앉아 차 한 잔하며 인생 이야기를 나누는 듯한 감정. 그게 바로 내가 고전을 계속 읽는 이유다.

언젠가 이메일함을 열었다가, 고전문학 전문 출판사에서 북클럽 회원들에게 보낸 특별 판촉 행사 안내 문구에 오랫동안 시선이 머물렀다. "내 인생을 바꿔줄 고전의 힘, 이 기회를 절대 놓치지 마세요."라는 문구였다. 그 구절을 읽으며, 나는 생각에 잠겼다. '정말 고전이 우리의 인생을 바꿔줄 수 있을까? 그런 힘이 과연 책 속에 담겨 있을까?' 초등 4학년 여름방학 내내 밥 먹는 것도 잊고 책 속으로 빠져들었던, 그 행복한 몰입의 시간을 다시 생각했다. 어쩌면 고전이란 읽는 이에게만 조심스레 문을 열어주는 '비밀의 화원' 같은 것인지도 모른다. 그 고전 속 다정한 속삭임과 통찰을 놓치지 않기 위해서, 나는 오늘도 한 권의 고전을 펼친다. 내 인생의 또 다른 전환점이 그 안 어딘가에 조용히 숨어 있을지도 모른다는 은근한 기대를 품고 한 문장, 한 구절을 조용히 읽어 나간다. 고전은 그렇게 나의 내면을 조금씩 바꾼다.

다음 버스를
기다리게 하는
힘

―

 세월 참 빠르다. 벌써 29년 전 일이 되어버린 아득한 이야기다. 결혼 후 노원구 중계동에서 첫 신혼살림을 시작한 나는 안국역 근처에 있는 회사까지 마을버스와 전철을 갈아타고 매일 출퇴근했다. 결혼 전 친정집도 강동구 명일동에 있었던 터라 장거리 출퇴근에는 어느 정도 이력이 났으니, 중계동쯤은 충분히 감당할 수 있겠다 싶었다. 하지만, 첫애를 임신하고 입덧으로 제대로 먹지 못하는 기간이 늘어가자, 상황이 달라졌다. 하루하루 몸이 힘들었다.

 당시 나는 대학원 졸업 후 들어간 첫 직장인 외국계 다국

적기업에서 2년 5개월째 근무하고 있었다. 파격적인 연봉에 주 5일 근무, 여직원 휴게실, 생리휴가 보장, 유럽 본사의 우리사주 구매 혜택, 자기 계발비 지원 등 국내 대기업조차 사원 복지 개념이 별로 없었던 시절임을 고려하면 모두가 부러워할 만한 '꿈의 직장'이었다. 그러나 그런 좋은 조건이 무색하게도 매일 사표를 만지작거리게 하는 치명적인 악조건이 하나 있었으니, 그것은 바로 매일 함께 일해야 하는 외국인 상사의 특이한 성격이었다. 유럽 본사에는 세상 둘도 없는 젠틀맨인 듯한 그가 한국인 직원들에게는 상식 밖의 폭언을 던지기 일쑤였다. 업무와 직접 연관된 부서의 직원들은 누구랄 것 없이 매일 마음의 상처를 받았다. 나는 어떻게든 아이 낳을 때까지만 버티다가 출산휴가 쓰고 복직해서 다른 곳으로 이직하리라 굳게 마음먹고 있었다.

칼바람이 불던 12월의 어느 퇴근길, 그날도 하루 종일 업무 회의에서 그가 추임새처럼 직원들에게 말했던 "제발 머리 좀 써!(Come on! Use your brain!)" 소리가 귀에 윙윙거렸다. 유난히 힘든 하루 끝, 지친 몸과 마음을 겨우 추슬러 전철을 탔다. 7호선이 생겨 지금은 중계역이 있지만, 당시에는 상계역에서 내려 마을버스를 타고 중계동으로 들어가야 했던 시절이다. 전철역에서 중계동 아파트까지는 마을버스로 다섯 정거장 정도 떨어져 있었다. 택시를 타기도 애매한 거리이고, 걸어가기에는 너무 멀어서 매일 마을버스를 탔는데 그날따라 마을버스 도착이 차례로 밀렸는지, 정류장은 기다리는 사람들로 북적거렸다. 시간이 갈수록 사람들 숫자는 점점 더 늘어났다. 살을 파고드는 칼바람에 사람들은 두꺼운 코트와 점퍼 깃을 잔뜩 세우고, 시린 발을 동동거리며 마을버스가 올 방향만을 뚫어지게 응시하고 있었다. 버스 도착 알리미 서비스도, 스마트폰도, 무선 이어폰도 없던 시절, 사람들이 할 수 있는 것이라곤 그저 하염없이 기다리고 또 기다리는 것뿐이었다.

  찬바람에 얼굴 피부 감각이 사라질 즈음, 드디어 마을버스가 도착했다. 한참 지연된 상태로 정류장마다 지나온 마을버스는 이미 승객들로 초만원이었다. 사람들은 이 버스마저 놓치면 추위 속에서 얼마나 더 기다려야 할지 가늠할 수 없어 꾸역꾸역 버스 안으로 몸을 밀어 넣었다. 그 순간, 나는 그들의 그런 모습이 마치 직장에서 아등바등 버티고 있는 내 모습처럼 보였다. 지금 다니는 직장을 놓치면 육아에만 매달려야 하고, 그런 나에게 더 이상 사회생활의 기회가 오지 않을 것 같은 불안감에 하루하루 버티고 있는 내 모습이 마을버스를 타려는 사람들과 묘하게 겹쳐 보였다. 도저히 발을 집어넣을 엄두가 나지 않던 나는 물끄러미 마을버스를 지켜보다가 결국 타지 않았다. 오늘은 택시를 타야겠다고 생각하고 택시 승강장 쪽으로 발길을 돌리려는 순간, 정말 거짓말처럼 채 1분도 안 되어 새로운 마을버스가 왔다. 이번에는 완전 텅텅 빈 상태로. 나는 재빨리 그 마을버스에 올라탔고, 내가 탄 버스는 두 정거장 만에 앞서 출발했던 만원 마을버스를 유유히 앞질러 내달렸다.

그리고 그다음 날, 나는 회사에 사표를 제출했다. 예상대로 한동안 다시 정규직으로 복귀하지는 못했다. 15개월 차 연년생으로 둘째까지 태어났기 때문이다. 하지만 둘째 아이 18개월 무렵, 결국 내가 생각하는 더 의미 있고 가치 있는 일을 찾아 다시 사회로 나올 수 있었다. 지금도 나는 가끔 추운 겨울날 상계역에서 모두를 기다리게 했던 그 마을버스를 떠올린다. 그때 그 버스를 억지로 타지 않아서 참 다행이었다고. 그 버스를 타지 않았기에 결단할 수 있었다고. 살다 보면 때로는 버스를 그냥 보낼 수 있는 용기와 각오가 필요하다는 걸 그때 알게 되었다는 사실에 감사한다.

　이후 다양한 직장을 거치며 여러 문제와 난관 앞에 설 때마다, 나는 늘 고민했다. 버스를 내릴 것인지, 계속 탈 것인지, 아니면 다른 버스를 기다릴 것인지. 그 버스가 아니면 안 될 것 같은 절박함에 종종거리기도 했지만, 막상 과감히 내리고 나면 어느새 또 다른 버스가 왔다. 때로는 반전처럼 더 좋은 버스가 오기도 했고, 영 시원찮은 버스가 오기도 했지만, 그래도 괜찮았다. 돌이켜보면, 그런 기다림과 멈춤의 시간 동안 나는 책을 읽었다. 책이 언제나 빠른 답을 주진 않았지만, 조급한 마음을 가라앉히고 삶의 큰 흐름을 다시 보게 해주었다. 내가 만난 책 속 인물들의 선택을 따라 걸으며 삶의 방향을 천천히 가늠할 수 있었다. 버스를 탈지 말지를 내가 결정할 수 있다는 사실만으로도 인생은 조금 더 견딜 만해졌다.

　젊은 날, 너무 멀리 오고 가느라 참 고생 많았다. 이제는 다음 버스가 오지 않으면, 가까운 반경 안에서 자전거를 타거나 걸어 다니면 그만이다. 지하철과 버스 안에 오랜 세월 동안 앉아 있느라 보지 못했던 것들이 많았다. 이제는 기회가 될 때마다 운동화를 신고 걷는다. 바람도, 하늘도, 연둣빛 나뭇잎도, 들꽃도 걷다 보면 비로소 눈에 들어온다. 나에게 보여주고 싶은 아름다운 것들이 사방에 널려 있다. 그걸 나에게 더 많이 보여주고 싶어서, 오늘도 나는 운동화 끈을 다시 묶는다. 나는 갈수록 내가 애틋하고 소중하다.

웅덩이에
물을 채우듯이,
우물을 깊이 파듯이

　　동양 고전 《맹자》 진심 상(盡心 上) 편에 '유수지위물야(流水之爲物也) 불영과불행(不盈科不行)'이라는 말이 나온다. "물이 흘러가다가 웅덩이를 만나면 그 웅덩이를 다 채우기 전에는 앞으로 나아가지 않는다."라는 뜻이다. 상황이 눈에 보이듯이 그려지는 이 문구를 예전 인문학 학습 모임에서 학인들과 《맹자》를 함께 읽으며 처음 접했다. 내가 성경 말씀 중 가장 자주 인용하는 "내가 가는 길을 오직 그가 아시나니, 그가 나를 단련하신 후에는 내가 순금같이 나오리라."(욥기 23장 10절)라는 구절과도 일맥상통한다고 느꼈다. 살

면서 웅덩이로 상징되는 어떤 고난이나 역경을 만날 때, 그 웅덩이를 다 채우는 '인내'의 시간과 나를 '단련'하는 시간이 지나가야 마침내 '순금'처럼 단단해지고, 앞으로 힘차게 다시 나아갈 수 있다는 의미로 받아들였다.

2016년 8월, 여름휴가를 며칠 앞두고 갑작스러운 오한과 발열, 극심한 복통이 시작되었다. 그전에도 간간이 통증이 있었지만, 그날의 통증은 강도가 달랐다. 결국 응급실을 찾았고, 급하게 혈액검사를 비롯해 여러 검사를 받았다. 결과는 생각보다 심각했다. 염증 수치가 비정상적으로 높았고 적혈구와 백혈구 수치에도 비상등이 켜졌다. 의료진은 즉각 입원할 것을 권했다. 며칠간의 치료로 나아질 줄 알았던 병상 생활은 일주일을 훌쩍 넘겼다. 4일간의 금식과 위·대장 내시경검사, 여러 차례의 혈액검사, 네 팩의 수혈까지 받았다. 대장 내시경으로 들여다본 장 속은 처참했다. 궤양으로 군데군데 헐어있는 모습은 난리도 그런 난리가 없었다. 이렇게 심각해질 때까지 그동안 어떻게 참았냐고 의사가 나무랐다. 몸의 면역체계가 무너져 자기 몸을 적으로 착각하고 공격하는 자가면역질환의 결과였다. 평생 약을 먹으며 조심히 관리해야 한다는 의사의 말에 가슴이 '쿵' 하고 내려앉았다. 회사에서 진행하던 프로젝트도, 계획했던 책의 집필도, 대학원 수업도 당분간 모두 멈춰야 했다. 내 인생길에 거대한 웅덩이가 깊이 파인 듯했다. '유수지위물야 불영과불행'. 나는 마음속으로 주문을 외우듯 이 말을 읊조렸다. '그래, 지금은 멈춰야 할 시간이다. 건너뛸 수 없는 고비라면, 기꺼이 물을 채우며 기다리자.'

돌이켜보면, 내 인생의 진짜 공부는 그 웅덩이를 채우는 시간에서 시작되었다. 원치 않는 몸의 질병, 회사 생활의 슬럼프, 인간관계의 갈등처럼, 갑자기 튀어나오는 복병 같은 웅덩이 앞에 멈춰야 할 때마다 도서관으로 향하거나 인문 학습 모임을 찾아 책을 읽고 토론하고 그 시간이 지나가길 기다렸다. 책장을 넘겨 가며 밑줄을 긋고, 발췌하고, 단상을 적는 그 과정을 통해 내 안의 빈자리가 조용히 채워졌다.

《맹자》에는 또 다른 울림을 주는 문장이 있다. '유위자비약굴정(有爲者必若掘井), 굴정구인(掘井九軔) 이불급천(而不及泉) 유위기정야(猶爲棄井也)'. "우물을 아홉 길이나 팠어도 샘물에 이르지 못하면, 그것은 결국 버려진 우물이다."라는 뜻이다. 웅덩이를 채우는 인내의 시간만큼이나 깊이 파 내려가는 끈기가 필요함을 일컫는 말이다. '중요한 건 꺾이지 않는 마음'이라는 사실을 일깨워 준다. 지나온 내 삶을 돌아보면, 나는 제법 이곳저곳에서 우물을 파 내려가다가 끝내 샘이 터지는 것을 보지 못하고 포기한 적이 많았다. 이는 재능 부족일 수도 있고, 요령 부족일 수도 있겠다. 웅덩이를 채우는 일이 도무지 끝나지 않을 것 같다는 좌절감과 우물을 파 내려가는 일의 부질없음을 핑계 삼아, 도중에 그만둔 일이 참 많았다. 어쩌면 나의 한계를 일찌감치 설정해버린 자신감 부족이 가장 큰 원인이었을지도 모른다. 그런데 이제는 그런 좌절과 시행착오로부터 조금씩 자유로워지고 있다. 내가 나에게 조금씩 더 관대해지고 느긋해지고 있음을 느낀다. 예전의 불안과 조급함을 버리고 웅덩이에 물이 차오를 때까지 지긋하게 지켜볼 수 있게 되었다. 더불어 언젠가는 꼭 한 번 터질 시원한 우물물을 기대하는 마음도 커졌다. 그날을 기분 좋은 설렘으로 기다릴 수 있게 되었다. 설령 샘물이 터지지 않더라도 파 내려가는 그 과정 자체를 즐길 수 있는 마음의 여유가 생겼다.

돌이켜보면, 《맹자》가 일관되게 말해온 것도 결국 '인간의 가능성'과 '성장의 여지'에 대한 깊은 믿음이었다. 인간은 본래 선하며, 고난과 좌절 앞에서도 끝내 의로움을 붙잡고 나아갈 수 있다는 성선설의 신념. 그리고 그 마음을 지키며 끝까지 우물을 파 내려가는 자만이 마침내 샘물에 이를 수 있다는 가르침이다. 지금에서야 비로소 그 말의 뜻을 알 것 같다. 내 안의 선함과 단단한 의지를 믿고 오늘도 나는 한 걸음씩 발을 내디딘다. 그 걸음이 모여 언젠가 내 안의 샘을 틔워 줄 것이라 믿는다.

마흔,
'진짜 공부'가
시작되는 나이

공자는 나이 '마흔'을 일컬어 세상사에 미혹됨이 없다 하여 '불혹(不惑)'이라 했다지만, 오히려 나에게는 그 반대였다. 나의 '마흔'은 흔들리지 않는 편안함을 보장하는 '시몬스 침대' 위가 아닌 롤러코스터 'T 익스프레스' 위에 올라탄 듯한 나날이었다. 그도 그럴 것이, 집에는 사춘기에 접어든 두 명의 중학생 아이들이 있었고, 직장에서는 야근과 외근, 출장을 밥 먹듯이 해야 하는 일복 많은 팀장이었기 때문이다. 자녀 교육과 경력 관리, 두 마리 토끼를 다 잡겠다는 나의 야심 찬 계획은 초반부터 삐걱거렸다. 우선, 사춘기 자녀에 대한 준비가 전혀 없었다. 사실 대한민국에서 10대로 산다는 것은 정말 쉽지 않은 일이다. 공부, 공부, 또 공부를 강조하는 경쟁 사회에서 마냥 행복하게 잘 커 주길 기대하는 것 자체가 무리일지도 모른다. 아이들은 학교에서도, 학원에서도, 가정에서도 힘든 시기를 보내게 된다. 그런 10대 아이들의 부모로 산다는 것 또한 절대로 만만치 않다. 아주 오래전에 품었던 좋은 부모가 될 수 있을 것이라는 기대와 자부심이 흔들리기 시작한다. 어느새 매일 아이에게 잔소리하고, 윽박지르고, 비교하고 비난하는 자신의 일그러진 모습에 깜짝 놀라게 된다. 아이를 사랑한다면서 아이를 힘들게 하고 마는 자기모순에 빠진다.

　나의 마흔이 그랬다. 직장에서의 업무 부담은 나날이 가중되었고, 사춘기에 접어든 아이들과의 대화는 자주 엇갈렸다. 교과서를 외우면 풀렸던 시험 문제처럼, 마흔의 인생 문제도 잘 풀릴 줄 알았는데, 쉽지 않았다. 남들은 다 잘 지내는데 나만 힘든 것 같고, 내가 가장 불행하다고 느꼈다. 하루하루 세상이 정한 성공 기준에 맞춰 나의 존재가치를 입증해야 한다는 압박에서 벗어나고 싶었다. 온갖 부정적 감정에 휩싸인 나를 벗어버리고 '진짜 나'를 찾고 싶었다. 삶을 뒤흔든 '마흔'의 위기는 곧 '나와 타인을 이해하기 위한 진짜 공부'로 이어졌다.

　가장 먼저 그 여정의 첫걸음이 되어준 도구는 '글쓰기'였다. 줄리아 캐머런의 《아티스트 웨이》를 통해 '모닝 페이지 쓰기'를 알게 되었다. 새벽 어스름, 아직 빛이 들지 않은 시간에 스프링 대학노트를 펼쳐 단숨에 세 장의 글을 써 내려간다. 머릿속에 쌓인 감정과 생각을 토해내듯 적어 가다 보면 어느새 마음이 가라앉고, 내면이 조금씩 정리되었다. 모닝 페이지는 글로 쓰는 명상이자, 조용한 기도였다. 나 자신에게 솔직해지는 연습이자, 내면의 소리에 귀를 기울이는 시간이었다.

　매일 글을 쓰다 보니 자연스럽게 책을 읽게 되었다. 인풋 없이 지속되는 아웃풋은 금세 한계를 드러낼 수밖에 없으니 감정만으로 쓴 글은 금세 공허한 넋두리로 흐르기 쉬웠다. 처음엔 심리학과 철학, 에세이를 중심으로 읽기 시작했지만, 조금씩 고전문학으로 독서의 축이 이동했다. 그러나 두꺼운 고전을 혼자 읽기란 결코 쉬운 일이 아니었다. 세상의 속도는 빨라지는데 책장은 좀처럼 넘어가지 않았고, 그 속도 차는 마치 나만 뒤처지는 것 같은 기분이 들게 했다.

그래서 그때 찾아보게 된 세 번째 도구가 바로 '책 모임'이었다. 인문 학습 모임을 통해 함께 읽는 학인들이 있었기에 두꺼운 벽돌 책도 읽을 수 있었고, 완독의 기쁨도 누릴 수 있었다. 혼자 읽을 땐 무겁게만 느껴지던 문장이, 함께 읽고 나누니 전혀 다른 느낌으로 다가왔다. 내가 지나쳤던 구절에 누군가는 멈추었고, 내가 의미를 찾지 못한 장면에 누군가는 울컥했다. 독서란 결국 사람을 읽는 일이자, 사람과 사람 사이의 거리를 좁히는 일이라는 걸 책 모임을 통해 배웠다. 더불어 책 모임은 자칫 혼자 읽는 독서가 빠질 수 있는 독선과 편독의 위험을 막아주었다. 책 모임을 통해 혼자라면 읽지 않았을 다양한 장르의 책도 읽을 수 있었고, 책 모임 참여자들의 다양한 생각을 접하면서 내 안의 편견이 깨지는 순간을 여러 번 경험했다.

마흔이 된다는 건, 더 이상 타인의 기대에만 맞춰 살아갈 수 없다는 몸과 마음의 신호인지도 모른다. 정신분석학자 칼 융이 말했듯, 중년은 '사회적 자아'의 옷을 벗고 '진정한 자기 자신'으로 걸어가는 여정의 시작이다. 그 여정에서 우리는 더는 외적인 성공이나 역할만으로는 충만해질 수 없음을 깨닫는다. 대신 조용히 내면을 들여다보며, 무의식 속 나의 진짜 목소리에 귀를 기울여야 한다. 책을 읽고, 이야기를 나누고, 나의 상처와 열망을 비추는 질문들과 마주하는 시간은 그래서 더욱 절실하다. 마흔이라는 길목에서 비로소 시작되는 진짜 공부, 그것은 세상의 기준이 아닌 '나'의 참모습으로 살아가기 위한, 가장 정직하고 근본적인 탐색이다.

어쩌면 우리는 모두 저마다의 방식으로

상처 입고 흔들리며, 불완전한 채

살아가고 있는 존재인지도 모른다.

그럼에도 불구하고,

다시 서로를 이해하려 애쓰고,

용기 내어 살아가려는 마음을 품는다.

Part 2

흔들리지 않는
삶이
어디 있으랴

존재
그 자체로
존재할 수 있도록

– 프란츠 카프카 《변신》

어린 시절, 우리 집 삼 남매는 변신 만화영화에 열광했다. 나중에 알고 보니 그게 대부분 일본 애니메이션이었지만, 그 당시 우리에게 원산지는 별로 중요하지 않았다. TV 브라운관 앞에 세 명이 옹기종기 모여 앉아 〈마징가제트〉〈그랜다이저〉〈독수리 오형제〉 등의 변신에 열렬한 박수를 보냈다. 위기 때마다 나타나 악당을 무찌르는 모습이 그렇게 멋질 수가 없었다. 매주 방영되던 외화 시리즈도 우리의 변신 열망을 자극했다. 〈6백만 불의 사나이〉〈소머즈〉〈원더우먼〉〈슈퍼맨〉처럼 인간의 한계를 뛰어넘는 초능력을 가진 인물

들은 항상 우리를 들뜨게 했다. 시도 때도 없이 보자기를 둘러쓰고 책상 위에서, 담벼락에서 뛰어내리기 일쑤였다. 우리에게 '변신'은 그렇게 언제나 더 강해지고 더 근사해지는 방향이었다. 그런데 소설 속에서 만나는 '변신'은 간혹 우리의 로망과 기대를 저버리기도 한다. 기존 관념을 벗어난 전혀 다른 방식의 '변신'을 만나면 그래서 당혹스럽다. 바로 1915년에 프란츠 카프카(1883~1924)가 발표한 단편소설 《변신》 같은 경우다.

"그레고르 잠자는 어느 날 아침, 불안한 꿈에서 깨어났을 때, 자신이 잠자리에서 한 마리 흉측한 해충으로 변해 있음을 발견했다."[01]

《변신》의 이 강렬한 첫 문장은 소설을 읽지 않은 사람에게도 익숙할 정도로 유명하다. 자고 일어났더니 사람이 벌레, 그것도 '해충'으로 변했다고 한다. 도대체 이게 무슨 일인가. 꿈속에서라면 얼마든지 가능할 수도 있겠다. 꿈에서

---

01 9쪽, 민음사

는 왕자가 거지가 되기도 하고, 사람이 두꺼비나 강아지로 바뀌기도 한다. 건물과 건물 사이를 가뿐하게 날아다닐 수도 있고, 외계인과의 만남도 얼마든지 가능하다. 하지만 잠에서 깨어나면 바로 현실 세계로 돌아온다. 그게 일반적인 상식이다. 그런데 카프카는 그 정반대의 초현실적인 설정으로 사실주의 문학이 대세를 이루던 20세기 초반의 문학계를 뒤흔든다. '이건 꿈이야. 내가 벌레일 리가 없어.' 주인공이 부정해 보지만, 이미 흉측하게 바뀐 몸은 움직일수록 더 버둥거릴 뿐이다. 카프카가 왜 이런 파격적인 작품을 구상하게 되었을지 그 배경이 궁금해진다.

카프카는 1883년 체코 프라하에서 강압적이고 권위적인 유대계 상인 아버지와 독일어권 보헤미아 귀족 문화를 동경한 어머니 사이에서 태어났다. 체코어를 쓰는 곳에서 태어났지만, 독일어를 쓰는 유대인이었고, 유대인이었지만 유대교를 믿지 않았기에 그는 언어적으로도, 종교적으로도 그 어디에도 속하지 못한 이방인이자 경계인이었다. 문학도의 길을 꿈꿨지만, 아버지의 뜻을 거스를 수 없어 법대에 진학했고, 박사 학위를 받은 이후에는 보헤미아 노동자 재해보험공사에서 일하게 된다. 《변신》 속 주인공의 모습은 권위적인 아버지 밑에서 힘들어했던 카프카의 성장 과정과 업무 특성상 수없이 접한 산업 현장에서 다치고 해고되고 죽어가는 노동자들의 모습이 그대로 투영되어 있다고 볼 수 있다.

《변신》의 주인공 그레고르 잠자는 누구보다 가족을 위해 헌신했던 인물이다. 사업에 실패한 아버지를 대신해 5년 전부터 가장 역할을 해왔다. 사무직보다는 돈을 더 많이 벌 수 있는 영업사원으로 일하면서 새벽마다 첫 기차를 타고 거래처를 돌았고, 쉬는 날도 거의 없었다. 그의 유일한 관심은 가족들에게 안락한 생활을 보장해 주는 것이었고, 음악적 재능이 있는 여동생을 언젠가는 음악학교에 보내 줄 계획을 마음에 품고 있었다. 그가 자기 몸을 돌보지 않고 부지런히 일한 덕에 식구들의 소비생활을 감당해 줄 수 있었다. 그런데 집안의 기둥이었던 그가 하루아침에 벌레로 변해 버린 상황이 벌어진 것이다. 온 식구가 그레고르만 바라보고 있었는데 이보다 더 난감할 순 없다.

벌레로 변한 이후에도 그레고르는 자신이 여전히 가족의 일원이며 그들에 대해 경제적으로 책임을 져야 한다고 느낀다. 그 몸으로 계속 출근을 걱정하고 가족들의 생활이 어려워질 것을 염려한다. 벌레가 된 현실보다 '쓸모없는 인간'이 되었다는 사실에 더 큰 괴로움을 느낀다. 하지만, 가족들의 시선은 그와 큰 차이가 난다. 처음엔 여동생이 그의 식사를 챙기고 방을 청소했지만, 시간이 지날수록 그의 존재는 가족들에게 불편하고 꺼려지는 짐으로 전락한다. 그의 변신으로 인해 가족이 불행해졌다고 여기고 그가 차라리 빨리 죽어버리거나 집을 나가버렸으면 좋겠다고 바라게 된다. 지금까지 그레고르 덕분에 온 가족이 편안한 생활을 해 왔음에도 불구하고 이제는 그가 자신들의 삶을 방해하는 걸림돌이라고 생각한다. 가족들의 마음을 알아차린 그는 절망한다. 아버지가 자신에게 던진 사과가 등껍질에 박힌 채 곪아가고 그레고르는 서서히 곡기를 끊은 채 죽어간다. 정말 충격적인 결말이다.

그레고르가 죽었다는 소식을 잠자 씨 부부와 딸은 가정부로부터 전해 듣는다. 아버지 잠자 씨는 "이제 우리는 신에게 감사할 수 있겠다"라며 성호를 그었고, 세 여자도 그 동작을 따라 한다. 골칫거리가 사라지자, 잠자 부부와 딸은 모처럼 외출을 하며 장래의 전망에 대해 논의한다. 그리고 그들이 이렇게 저렇게 계산해 보니 "장래가 암담하지만은 않다"라고 느낀다. 부부는 이제 그레고르를 대신해 딸이 그들의 새로운 꿈과 좋은 계획을 보장해 줄 것처럼 느낀다. 그야말로 선수교체다. 직장생활에서 누군가 그만두면 다른 직원으로 쉽게 대체되는 것과 비슷하다.

 벌레가 된 상황은 누구에게나 예기치 못한 실직, 사업 실패, 질병, 사고, 노화 등으로 자신이 예전과 같지 않음을 느끼는 순간이 올 수 있음을 상징한다. 이때 우리는 자존감이 떨어지고, 생의 의지가 꺾인다. 그럴 때 달라지는 주위의 시선, 냉대, 고독이 그레고르처럼 우리를 위축시킬 수 있다. 잠자 씨 가족의 비정한 모습을 보면서 그들에게 자신 있게 돌을 던질 수 있는 사람들이 과연 얼마나 될까. 과연 나와 내 가족은 다를 수 있을까. 자본주의 사회에서 노동력과 기동력의 상실은 인간의 존엄을 침해한다. 인간이 기계 부품처럼 취급되고, 효율과 기능, 생산성으로 평가받는 자본주의 세상에서 제 역할을 상실한 사람에게 가해지는 폭력은 생각보다 가혹하다. 그 누구도 자유로울 수 없다.
 어린 시절, 히어로를 동경하며 파워 변신을 꿈꾸었던 우리 집 삼 남매도 어느새 다들 중년의 나이가 되었다. 망토

하나만 있으면 어디로든 날아갈 수 있을 줄 알았는데, 이젠 아침에 일어나면 손가락이 뻣뻣하고 무릎이 시큰거린다. 건강보조식품에 귀가 솔깃해지고, 각자의 지병으로 복용해야 할 약봉지가 점점 늘어간다. 이제는 언제 어떤 방식으로 닥쳐올지 모를 그 어떤 '변신'에도 유연하게 대처할 지혜를 달라고 기도하는 나이가 되었다.

누구나 그레고르가 될 수 있는 세상이다. 그러니 극한 상황에서도 인간에 대한 연민과 사랑을 끝까지 놓치지 않으려면 우리는 어떻게 해야 할까? 원치 않는 '변신' 앞에서 스스로 무너지지 않으려면, 신체를 단련하듯 마음에도 트레이닝이 필요한 건 아닐까. 자본주의 사회에서 인간의 존엄이 기능이 아닌 인간 존재 자체로 인정받도록 하기 위해 우리는 어떻게 연대해야 하는지 끝없이 고민해야 할 것 같다.

100년도 더 지난 짧은 소설 한 편이 수많은 질문을 던진다. 인간 소외에 맞서 삶의 존엄을 지키는 일, 그것이 그 어느 때보다 간절한 세상에 우리가 살고 있다.

사춘기 가정마다
꼭 있는
홀든 콜필드

- J. D. 샐린저 《호밀밭의 파수꾼》

―

아이가 중학교 2학년이 된 지 두 달 정도 지났을 무렵이었다. 춘곤증으로 나른해진 오후, 커피 한 잔을 마시기 위해 사무실 내 자리에서 일어서는 순간 핸드폰이 울렸다.

"안녕하세요? 어머님, 현이 담임입니다. 요 며칠 현이가 교무실에 와서 계속 반성문 쓰고 있습니다. 수업 시간에 늦게 들어오거나, 준비물도 잘 챙겨오질 않고, 수업 태도가 불량해서 여러 번 주의를 줬는데도 고쳐지질 않네요. 어머님이 직장 다니시느라 바쁘시겠지만, 조금 신경을 쓰셔야 할 것 같습니다. 이번 주 시간 되실 때 학교에 한번 오셨으면

하는데요."

 수화기 너머 선생님의 이야기를 들으면서도 나는 혹시 선생님이 다른 아이랑 현이를 착각하고 전화를 잘못하신 게 아닌가 싶을 만큼 믿기지 않았다. 잔뜩 주눅 든 목소리로 상담 날짜를 정하고 전화를 끊고 나니 마음속에 무거운 돌덩이 하나가 '쿵' 하고 떨어졌다. 그날 담임 선생님의 전화는 연년생 키우면서 꿋꿋하게 버텨온 나의 직장생활을 송두리째 흔들어 놓았다. 그동안의 고생이 다 부질없었다는 생각이 들었다. 중학교 2학년 들어서면서 아이가 부쩍 짜증을 내고 까칠해졌다고 느끼긴 했지만, 새 학년에 적응하느라고 그런 줄만 알았는데 그게 아니라면 어찌해야 하나 혼란스러웠다. 나는 아이를 앉혀놓고 말했다.

 "현이야, 너 이게 도대체 무슨 일이야. 너 절대 그런 애 아니잖아. 엄마가 학교에 불려 가서 속상한 이야기 들어야겠어? 다시는 그러지 않겠다고 약속해."

 대부분의 교사와 부모들은 학교 규율을 어기며 엇나가는 아이들을 볼 때 반성문을 쓰게 하고 야단치기에 바쁘다. 나 역시 그랬다. 학교 상담실에 다녀온 바로 그날부터 나는 '비상 감시 체제'에 돌입했다. 몸은 회사에 있었지만, 오후만 되면 아이에게 전화해 원격 조종에 들어갔다. 하지만 한참 시간이 지나고 나서야 알게 되었다. 그때 내가 취했어야 하는 행동은 아이에 대한 훈계나 감시가 아니라, 아이의 '불안'을 알아봐 주고 그 아이의 '진짜 고민'이 무엇인지 내 마음의 눈과 귀를 여는 일이었다. 그 단순한 진리를 실천하지 못해 한동안 나와 아이는 힘든 시기를 보내야 했다. 호르몬 변화 때문이라고 치부하기엔 유독 대한민국 청소년들의 사춘기가 힘들다. 과도한 입시경쟁으로 인한 스트레스, 사회를 지배하는 물질만능주의, 외모지상주의, 다름을 인정하지 않는 차별과 혐오가 넘치는 사회, 하루가 다르게 급변하는 사회에서 살아남아야 하는 불안 등에 시달린다. 이런 사회에서 마냥 해맑게 청소년기를 살아가기란 쉽지 않은 일이다. 순수한 마음으로 어른들을 믿고 따르기 어려운 사회에 살고 있다.

제롬 데이비드 샐린저(1919~2010)가 쓴 소설《호밀밭의 파수꾼》속 주인공 홀든 콜필드 역시 위선적인 어른들의 세계에 불만이 많았던 청소년이다. 홀든은 아이비리그 대학입시 결과만을 강조하는 고등학교에서 성적 부진을 이유로 퇴학을 당한다. 대외적으로는 명문임을 자랑하는 학교이지만 그 속에서 벌어지는 교사들과 학생들의 속물적인 행동과 사고방식에 홀든은 진저리를 치며 미련 없이 학교를 떠난다. 소설은 기숙사에서 짐을 싸서 뉴욕의 집으로 돌아오는 동안의 이야기를 담고 있다. 출간 당시는 물론 지금도 이 작품에 대한 호불호는 크게 갈린다. 이 책을 자녀에게 읽히는 것이 과연 맞는지 모르겠다는 부모들도 많다. 홀든의 거칠 것 없는 언사와 행동으로 1950년대 미국의 일부 학교에서는 금서로 지정되기도 했다. 그런데 자세히 들여다보면 홀든 콜필드만큼 오해를 받은 주인공도 드물다. 불량의 끝판왕처럼 보이는 그가 오히려 순수한 세계를 갈망하고 지켜주려 했던 귀여운 반항아였다는 사실이 소설 곳곳에서 드러난다. 그는 추운 겨울 센트럴파크 연못의 오리가 어디로 갔는지, 무탈한지 계속 궁금해 하고, 우연히 만난 수녀들에게 기부를 더 많이 못했다는 사실을 두고두고 미안해한다. 자신의 첫사랑이 바람둥이 놈팡이 녀석 때문에 상처를 입을까 봐 안절부절못한다. 어린 여동생 피비를 진심으로 아끼고 사랑한다. 그런 순수한 모습이 성적 부진으로 퇴학을 당했다는 이유로, 미성년자가 술집에 드나들었다는 이유로, 성매매에 얽힐 뻔했다는 이유로 천하에 몹쓸 녀석으로 매도당한다. 우리가 청소년들을 겉으로 드러나는 행동만으로 판단하지 말아야 하는 이유도 여기에 있는 것 같다. 홀든은 자신이 다니던 학교가 마음에 안 들고 위선적인 어른들이 싫지만 마음속에 따뜻함을 품고 있는 아이다. 남다른 감수성을 지닌 홀든이 대학 '입결'만을 강조하는 '명문' 펜시 고등학교에서 퇴학당한 것은 부조리한 교육 현실에 대한 저항이자 부적응일 수 있다.

> "나는 늘 넓은 호밀밭에서 꼬마들이 재미있게 놀고 있는 상상을 해. 어린애들만 수천 명이 있고, 어른은 나 하나뿐이야. 그리고 난 절벽 옆에 서 있어. 아이들이 실수로 절벽 아래로 떨어지려 하면, 내가 재빨리 붙잡아 주는 거야."[02]

오빠의 퇴학 사실을 알고 걱정하는 동생 피비가 "대체 오빠는 하고 싶은 게 뭐야?"라고 묻자, 홀든은 호밀밭에서 아이들이 신나게 뛰어놀다가 절벽으로 떨어지려는 순간 그들

---

02 229쪽, 민음사

을 붙잡아주는 '호밀밭의 파수꾼'이 되고 싶다고 말한다. 얼핏 황당해 보이는 장래 희망이지만, 이 책의 제목이 왜 '호밀밭의 파수꾼'인지 알 수 있게 해주는 대목이다. 비록 홀든 자신은 대책 없는 반항아처럼 행동하지만, 아이들만은 순수한 세계에서 안전하게 자랄 수 있도록 지켜주고 싶어 한다. 그런 홀든의 간절한 마음은 피비가 다니는 학교 벽에 쓰인 낙서를 지우는 장면에서 잘 드러난다. 홀든은 학교에서 누군가 심한 욕설을 낙서해 놓은 것을 보고 애써 지운다. 하지만 내려가는 계단에서도 같은 낙서를 보게 되고, 심지어 박물관 무덤 벽의 유리 밑에서도 빨간 크레용으로 쓰인 똑같은 욕설을 발견한다. 세상의 모든 낙서를 다 지울 수 없다는 사실 앞에서 그는 탄식한다. 어린이들의 세계가 더럽혀지지 않기를 바라는 그의 간절함이 전해지는 장면이다.

그리고 그런 홀든을 누구보다 가장 깊이 이해한 사람은 동생 피비였다. 홀든이 가출하려 하자, 피비는 아무 말 없이 자기 가방을 싸서 오빠를 따라나선다. 피비는 어른들처럼 오빠를 판단하거나 비난하지 않는다. "그렇다면 나도 함께 갈래."라며 조용하지만 단호하게 연대의 손을 내민다. 피비의 행동은 방황하는 홀든을 향한 무조건적인 지지이자 사랑이었다.

　우리 사회의 청소년들에게도 지금 필요한 것은 그런 조건 없는 사랑일 것이다. 사춘기 청소년이 있는 가정마다, 홀든 콜필드 같은 아이가 있다. 거친 말과 불만을 쏟아내고, 위선적인 어른들을 조롱하며, 학교에 가기 싫다고 말하는 아이들 말이다. 그러나 어쩌면 그런 아이들이 더 건강한지도 모른다. 협력보다 경쟁을 부추기고, 혐오와 배제가 난무하는 사회 분위기에 아무런 반응조차 보이지 않는 아이들이 오히려 더 걱정스럽다. 아이들의 거친 말투와 행동 이면에 자리한 불안과 고통을 외면하지 말아야 한다. 그들을 진심으로 보듬어 주려는 가족과 어른이 많아질수록, 방황하는 아이들이 다시 제자리로 돌아오는 시간도 가까워질 것이다. 아이들이 마음껏 뛰어놀다가 절벽 끝에 다다를 때, 그들을 붙잡아 주겠다는 홀든의 '장래' 희망 '호밀밭의 파수꾼'은 이제 우리 어른들이 실천해야 할 '현재'의 과제가 되어야 하지 않을까.

부끄럼 많은
생애를 위한
위로

- 다자이 오사무 《인간 실격》

 고전문학을 읽을 때마다 매번 드는 생각이 하나 있다. 바로 "인생이 참 쉽지 않구나." 하는 것이다. 오랜 세월을 견디며 살아남은 고전 속 이야기들은 어찌 된 일인지 대체로 다 비극적이다. 마치 즐거운 인생은 환상일 뿐이며 인생의 본질은 태어나는 순간부터 고통일 수밖에 없다고 말해주는 듯하다. 주인공의 삶도, 이야기의 결말도 해피엔딩인 경우가 드물다. 그러다 보니 매달 고전문학 독서모임이 끝날 때마다 "다음에는 좀 밝은 소설을 읽고 이야기 나눠요."라는 말이 자연스레 오간다. 진행자인 나도, 참여자들도 같은 마음

이다. 하지만 고전문학으로 분류된 작품 중에 온전히 밝기만 한 이야기를 찾기란 쉽지 않다. 설령 결말이 희망적으로 끝나더라도, 그에 이르는 여정은 대개 고통스럽고 험난하다. 찰리 채플린의 말처럼, "인생은 가까이서 보면 비극이고, 멀리서 보면 희극이다."라는 표현이 정확히 들어맞는다. 소설 속 인물들은 겉으론 웃고 있는 듯하지만, 그 웃음 이면에는 말 못 할 슬픔과 고뇌가 겹겹이 쌓여 있다.

오랫동안 독자들의 사랑을 받는 고전문학 작품은 비극을 비극 아닌 것처럼, 슬픔조차 웃으면서 이야기하고 있다는 공통점이 있다. 그런 고전을 읽게 되면 자연스럽게 인간이 본래 연약하고 불완전한 존재임을 인정하게 된다. 또한 내 마음대로 어찌할 수 없는 인생의 큰 파고가 언제든 불어닥친다는 사실을 받아들이게 된다. 그러니 살면서 지나치게 교만할 이유도, 절망할 필요도 없음을. 더불어 방황하고 흔들리는 타인의 삶을 지켜보면서 누군가를 쉽게 판단하고 단정한다는 것이 얼마나 위험한 일인지도 알게 된다. 그들의 입장이 되어 보기 전에는 함부로 비난하고 돌을 던질 수 없음을 알게 하니 이 또한 문학이 주는 힘이라고 할 수 있겠다.

고전문학 속에 등장하는 비극적인 주인공 중에서도 유난히 더 쓸쓸하고 위태로운 인물이 있다. 바로 일본 작가 다자이 오사무(1909~1948)가 1948년에 발표한 자전적 소설 《인간 실격》의 주인공 '요조'이다. 태생적으로 섬세했던 그는 기성세대의 위선과 모순을 일찌감치 간파한다. 그리고 세상 어디에도 온전히 속하지 못한다는 고립감 속에서 깊은 방황을 거듭한다. 화자의 서문과 후기 사이, 요조의 수기 세 편으로 구성된 액자식 구성 속에서, 요조의 수기 첫 문장은 작품 전체를 꿰뚫는 핵심처럼 다가온다.

"부끄럼 많은 생애를 보냈습니다. 저는 인간의 삶이라는 것을 도무지 이해할 수 없습니다."[03]

누군가 당신에게 당신의 인생을 한 줄로 요약해 보라 한다면, 당신은 어떤 문장으로 표현할 수 있을까? 어려운 질문이다. 펜을 든 손이 한동안 머뭇거릴지도 모른다. 그런데 《인간 실격》의 요조는 자신의 인생을 '부끄럼 많은 생애'라

---

03   13쪽, 민음사

는 말로 요약한다. 매 순간이 얼마나 부끄러웠기에 이렇게 단번에 정리할 수 있었을까? 부끄러움은 잘못에 대한 후회나 실수의 감정일 수도 있지만, 낯을 가리고 사람들과 섞이지 못하는 소극적 태도를 의미하기도 한다. 요조에게는 아마 둘 다였을 것이다.

세계적인 소아과 의사이자 아동 발달학자인 토머스 보이스 박사는 저서 《당신의 아이는 잘못이 없다》(2020, 시공사)에서 아이들의 스트레스 반응성을 두 가지 유형으로 설명한다. 하나는 외부 자극에 민감하게 반응하는 '난초형', 다른 하나는 비교적 무던하게 받아들이는 '민들레형'이다. 같은 환경에서도 어떤 아이는 스트레스를 '1'로, 어떤 아이는 '10'으로 받아들인다는 것이다. 그는 특히 예술적 기질이 뛰어난 아이들 중 '난초형'이 많다고 말한다. 이런 아이들에게는 섬세한 관심과 지지가 절실하다. 다자이 오사무의 자전적 고백이기도 한 《인간 실격》의 요조는 전형적인 '난초형' 아이였던 것 같다. 세상의 부조리를 민감하게 감지하고, 폭력과 억압의 상처를 내면 깊숙이 눌러 담는다. 예술적 재능과 명석한 머리를 타고났지만, 안타깝게도 그의 섬세한 기질을 돌봐줄 부모의 애정과 관심은 없었다. 권위적인 아버지와 무관심한 어머니, 열 명이 넘는 형제들 사이에서 그는 항상 불안할 수밖에 없었다. 하인과 머슴들의 손에 길러지며, 어린 시절부터 외로움과 공포에 익숙해져야 했다. '부끄러움'이라는 태생적 기질은 결국 자신을 숨기기 위한 가면으로 이어졌다.

요조가 인간관계를 유지하기 위해 선택한 것은 '익살'이었다. "익살은 나의 최후의 구애였습니다."라는 고백처럼, 남을 웃게 만드는 그의 행동은 유머 감각이 아니라 생존의 도구였다. 타인에게 받아들여지기 위해, 자신의 부끄러움을 들키지 않기 위해, '진땀나는 서비스'를 하는 요조의 모습은 그래서인지 참 슬프고 안쓰럽다. 가면 뒤에 숨은 피에로처럼, '페르소나'라는 사회적 역할 속에 자신을 감춘 현대인처럼, 본모습을 억누른 채 살아가는 그의 삶은 고달프기만 하다. 이는 비단 요조만의 이야기가 아니다. 나 자신으로 살기보다는 타인의 기대에 부응하기 위해 억지로 웃고, 맞장구치고, 어색한 유머를 구사하며 하루하루를 버티는 우리 안에도 '익살꾼' 요조가 있다. 조마조마한 하루 끝에, 때로는 이런 진땀나는 서비스를 멈추고 싶어질 때가 있기도 하다.

부유한 집안에서 태어나 걱정 따위 없을 것 같았던 요조였지만, 그는 "가족이 얼마나 힘들어하고 또 무엇을 생각하며 사는지 전혀 짐작할 수가 없었을 뿐만 아니라, 인간의 삶이라는 것 자체를 도무지 이해할 수 없었다."라고 고백한다. 가족 간의 소통과 공감의 부재는 그의 어린 시절부터 깊은 상처를 남겼다. 하녀와 머슴들로부터 성추행을 당하고도, 그는 아버지나 어머니는 물론, 그 누구에게도 하소연할 수 없었다. 체면을 중시하는 가족 분위기, 일탈을 용납하지 않는 권위주의적 가정은 요조를 점차 소외시켰고, 결국 성적 탐닉과 약물, 알코올 중독으로 그를 몰아갔다.

"그 사람의 아버지가 나쁜 거예요. 우리가 알던 요조는 아주 순수하고 눈치 빠르고⋯ 술만 마시지 않는다면, 아니 마셔도⋯ 하느님같이 착한 아이였어요."[04]

요조의 수기를 읽은 마담의 마지막 말은 오래도록 여운이 남는다. 요조가 더 이상 자신을 인간이라 부르지 못하고

---

04 138쪽, 민음사

'인간 실격'을 선언하기까지, 과연 누구의 책임이 가장 컸을까. 마담의 말처럼 아버지였을까? 아니면 전후의 허무주의에 물든 일본 사회였을까? 혹은, 그저 요조 자신의 나약함이었을까? 우리는 한 사람의 실패와 좌절, 극단적인 선택 앞에서 너무 쉽게 판단하고, 너무 늦게 후회한다.

《인간 실격》은 부끄러움과 불안을 안고 살아가던 한 영혼이, 끝내 자신을 용납하지 못하고 스스로 무너져간 이야기다. 하지만 그 속에는 요조만이 아니라, 우리 자신의 그림자도 함께 어른거린다. 누구도 온전히 괜찮은 사람은 없다. 실격이란 낙인은 한 개인에게만 찍히는 것이 아니라, 서로를 돌보지 못하고 사랑하지 못한 가족과 사회가 함께 짊어져야 할 몫일 수도 있다. 그렇다면, 누가 감히 그에게 실격을 선언할 수 있을까. 어쩌면 우리는 모두 저마다의 방식으로 상처 입고 흔들리며, 불완전한 채 살아가고 있는 존재인지도 모른다. 그럼에도 불구하고, 다시 서로를 이해하려 애쓰고, 용기 내어 살아가려는 마음을 품는다. 그 마음이야말로, 인간다움의 마지막 증거일 것이다.

문제는 언제나 '마음'이야, 바로 내 마음

— 나쓰메 소세키 《마음》

1943년생 나의 어머니가 늘 입버릇처럼 달고 사시는 말이 있다.

"참 감사하다!" "정말 다행이다!"

어머니는 그야말로 '감사 대장'이다. 일상의 그 어떤 순간에서도 기어코 감사할 거리를 찾아내신다. 그 비결은 15세에 세례를 받은 이후, 눈이 오나 비가 오나 거의 하루도 거르지 않는 '새벽기도'에 있다. 어머니의 '평생 감사'는 언제나 마음의 주파수를 좋은 곳에 맞추려는 태도에서 비롯된다.

"엄마, 나 요즘 너무 힘들어. 어떻게 해야 할지 모르겠어. 마음이 너무 괴로워."

전화 너머로 하소연하면, 어머니는 한참을 가만히 들어주시다가 당신이 살아온 이야기를 조곤조곤 들려주신다. 그 이야기를 듣다 보면, 내 고민은 문제도 아닌 것처럼 느껴지고, 쭈글쭈글 구겨졌던 마음이 어느새 펴진다. 가슴 한쪽에 환한 전구가 켜지는 듯한 느낌이 든다. "모든 일은 마음먹기에 달려 있다."라는 말은 너무 흔해서 식상하게 들릴 수도 있다. 하지만 사실 이 말만큼 실감 나는 진리가 또 있을까. 우리 삶에는 우리 힘으로 통제할 수 없는 일이 참 많지만, 단 하나, 마음먹기만큼은 온전히 내 선택이다. 결국 인생은 '무슨 일이 일어나느냐'보다 '그 일을 어떻게 받아들이느냐'에 달려 있다.

"모든 지킬 만한 것 중에 더욱 네 마음을 지키라. 네 마음에서 생명의 샘이 흘러나오기 때문이다."[05]

---

05 구약성경 잠언 4장 23절

마음은 '나와 타인', '나와 나' 사이의 관계가 건강할 때 제자리를 지킨다. 워낙 섬세하고 복잡한 것이 마음이라, 그 근육을 단단하게 기르려면 많은 시간과 정성이 필요하다. 한번 금이 가면 되돌리기 쉽지 않다. 그러니 마음이 땅에 떨어져 깨어지고 망가지기 전에 잘 지켜야 한다. 고전문학 중에는 이처럼 중요한 '마음', 특히 부서진 마음과 지켜야 할 마음에 대해 깊이 성찰하게 하는 작품이 있다. 바로 일본 근현대문학의 아버지로 불리는 나쓰메 소세키(1867~1916)가 1914년에 발표한 소설, 《마음》이다.

이 작품은 화자인 '나'가 어느 여름날, 휴가지에서 '선생님'을 만나면서 시작된다. 도쿄제국대학을 졸업한 엘리트였지만, 선생님은 세상과 거리를 두고 은둔하듯 조용한 삶을 살아가는 인물이다. 그는 과거, 친구 K와의 삼각관계 속에서 도리를 저버렸고, 그로 인해 친구가 스스로 생을 마감한 뒤, 깊은 죄책감에 사로잡혀 고립된 삶을 이어간다. 어린 시절, 돌아가신 부모를 대신해 자신을 돌봐준 작은아버지에게 재산을 빼앗기고 배신을 당한 경험은 사람에 대한 신뢰를 무너뜨렸다. 그렇게 선생님은 외부와 단절된 채, 상처 입은 마음을 껴안고 살아가는 존재가 된다.

> 그렇다면 이 세상에 나쁜 사람이라는 부류가 따로 있다고 생각하는 겁니까? 그렇게 판에 박은 듯한 악인이 세상에 있을 리 없지. 평상시에는 모두 착한 사람이에요, 적어도 모두 보통 사람입니다. 그러다 유사시가 되면 악인으로 돌변하니 무서운 거야. 그러니까 마음을 놓지 못해요.[06]

이 대목은 선생님의 인간관에 담긴 깊은 회의를 보여준다. 그는 '악인'이 따로 정해진 존재가 아니라, 누구든 유사시(즉 이해관계가 얽히는 결정적 순간)에 돌변할 수 있는 존재라고 믿는다. 그는 타인을 의심할 뿐 아니라, 자신조차 쉽게 믿지 못한다. 결국 이러한 불신은 그를 점점 세상에서 고립시켰고, 끝내 화자인 '나'에게 긴 유서를 남기고 생을 마감하고 만다.

> 난 죽기 전에 단 한 사람이라도 좋으니까 남을 믿어보고 죽고 싶어요. 학생은 그 단 한 사람이 돼줄 수 있

---

[06] 77쪽, 문학동네

겠습니까? 돼주겠어요? 진정 진지한 겁니까?[07]

《마음》을 읽는 내내, 나는 선생님이라는 인물에 공감하기가 쉽지 않았다. 인간에 대한 배신감과 자기혐오가 그를 염세주의자로 만든 건 이해가 되지만, 과거에 사로잡혀 한 발짝도 벗어나지 않으려는 그의 태도는 안타까움을 넘어 답답하게 느껴졌다. 아내에게조차 속마음을 털어놓지 못하고, 결국 자살을 통해 속죄하려는 모습은 자살을 미화하는 듯한 인상을 주어 불편하기도 했다. 《마음》은 메이지 시대 말기 근대화 속에서 드러나는 인간의 이기주의를 예리하게 포착해, 인간관계 속에서 지켜야 할 '도리'에 대해 생각하게 하는 작품이다. 일본 교과서에도 실릴 만큼 중요한 고전으로 평가받지만, 제목이 《마음》인 만큼 역설적으로 선생님은 자신의 마음을 가장 제대로 돌보지 못한 인물로 보이기도 한다.

요즘 '명상'에 관심을 두는 사람들이 늘고 있다. 체력을 기르기 위해 헬스장을 찾듯, 명상은 마음 근력을 키우는 훈련으로 주목받고 있다. 그중에서도 '감사 명상'은 특히 효과

---

07   85쪽, 문학동네

적인 방법이다. 타인을 향한 원망과 분노를 내려놓고, 자신을 수용하고, 감사하는 마음을 반복적으로 훈련함으로써 상처 입은 마음도 얼마든지 회복될 수 있다는 사실은, 이미 뇌과학과 정신의학 분야의 다양한 임상 연구로도 증명되고 있다. 직장생활과 학업으로 인한 스트레스, 믿었던 사람의 배신, 자기 자신에게 실망한 부끄러운 순간들로 마음이 무너질 때, 우리에겐 그 상처 입은 마음을 조용히 들여다보고 다독이는 연습이 필요하다. 결국 문제는 언제나 '마음'이다. 남의 마음이 아니라, 바로 내 마음. 날마다 이 마음을 살피고, 평정을 유지하기 위해 하루에 잠깐씩이라도 짬을 내서 눈을 감고 기도하거나 명상을 해보는 건 어떨까. 어쩌면 마음속 작은 멈춤이 삶의 중심을 바로 세우는 첫걸음이 될지도 모르겠다.

편견을 내려놓는 순간, 비로소 보이는 것들

― 레이먼드 카버 《대성당》

얼마 전 책 모임에서 《눈이 보이지 않는 친구와 예술을 보러 가다》(가와우치 아리오, 다다서재, 2023)로 독서토론을 했다. 전맹 시각장애인 시라토리 겐지 씨가 비장애인 친구와 함께 일본 각지의 미술관을 방문하며 그림을 '감상'하는 내용을 담은 책이다. 이 책은 우리가 당연하게 여겨온 시각적인 '본다'라는 행위에 대해 '진짜 제대로 보고 있는 걸까?'라는 근본적인 질문을 던진다. 책을 읽기 전에는 전맹인 친구가 어떻게 그림을 감상할 수 있을지 의아했다. 시라토리 역시 그런 세상의 편견에 맞서 미술관 측에 계속 편지를 보

내, 마침내 장애인의 미술관 관람에 대한 배려와 협조를 얻어낼 수 있었다고 한다. 그는 함께 간 친구의 도움으로 작품 앞에 서서 설명을 듣고, 그림을 상상한 뒤 대화를 나누며 감상을 주고받는다.

시라토리는 작품 공식 팸플릿에 실린 설명보다 친구의 주관적인 감상을 듣는 데 더 큰 흥미를 느낀다. 아울러 여러 명이 함께 미술관을 방문해 작품에 대한 의견이나 해석이 엇갈릴수록, 그는 오히려 더 작품에 가까이 다가가는 느낌을 받는다. 눈이 보이지 않는 사람에게 그림을 설명하는 과정에서 비장애인은 자신이 그동안 그림을 얼마나 대충, 또 피상적으로 봐왔는지를 깨닫게 되고, 그림 속에서 놓치고 있었던 부분을 새롭게 발견하기도 한다. 이 책을 토론하면서 자연스럽게 비슷한 맥락의 단편소설 하나가 떠올랐다. 바로 미국 소설가 레이먼드 카버(1938~1988)가 1981년에 발표한 작품집에 실린 《대성당》이다.

《대성당》 역시 '보는 것'과 '이해하는 것'의 차이를 이야기한다. 이 소설의 등장인물은 화자인 '나', 그의 아내, 그리고 시각장애인 로버트가 전부다. 화자는 아내의 오랜 친구인 로버트가 며칠간 자신의 집에 머문다는 말에 불편해한다. 그가 '맹인'이라는 이유만으로, 화자는 마음속에서 로버트를 밀어내며 경계심을 드러낸다. 아내와 로버트가 오랜 시간 녹음테이프를 주고받으며 소통해 왔다는 사실에도 묘한 질투심을 느낀다. 로버트가 도착한 저녁, 셋은 어색한 식사를 하고, 피곤했던 아내는 잠시 눈을 붙인다. 남겨진 두 남자는 술을 마시며 텔레비전을 본다. 화자는 채널을 돌려가며 로버트에게 지금 화면에 보이는 장면을 설명해 준다. 그러다 텔레비전에 대성당이 등장하자, 로버트는 그 모습이 어떤지 설명해 달라고 요청한다. 화자는 설명을 시도하지만, 쉽지 않다. 지금껏 그는 대성당을 제대로 본 적도, 묘사해 본 적도 없었기 때문이다. 그제야 그는 자신이 눈을 뜨고도 얼마나 많은 것을 무심히 지나쳐 왔는지를 깨닫는다. 로버트는 함께 대성당을 그려보자고 제안하고, 두 사람은 나란히 앉아 종이를 펴고 펜을 든다. 로버트가 화자의 손등 위에 자신의 손을 얹고, 화자에게 눈을 감은 채 그려보라고 부탁한다.

"이제 눈을 감아봐요."

로버트가 말한다. 화자는 그대로 눈을 감는다. 그리고 그림을 그려나가는 그 순간, 그는 처음으로 마음의 눈을 뜨기 시작한다. 시각이 아닌 감각으로, 손끝으로 전해지는 교감을 통해 그는 로버트와 연결된다.

"그의 손가락이 내 손가락 위를 따라가며 내가 종이를 움직였다. 지금까지 내 인생에서 겪어본 어떤 것과도 달랐다."

그림이 완성된 후에도 그는 눈을 감은 채 한동안 그대로 있고 싶어 한다. 마치 처음으로 세상을 다르게 바라본 자신의 변화를 오래 붙들고 싶은 듯했다. 눈으로 보지 않고도 무언가를 '느낄 수 있다'는 것, 그것이 화자가 처음 경험한 진짜 이해였다. 《대성당》은 한 사람이 타인과 진심으로 연결되는 순간을 통해, 진정한 '이해'란 결국 마음으로 보는 것이며, 교감은 상대방에 대한 편견을 내려놓는 데서 시작된다는 사실을 보여준다. 이야기의 중심 소재인 대성당도 마찬가지다. 겉으로 보고 지나치면 그저 웅장한 건축물이자 관광 명소에 불과하지만, 그 안에서 조용히 머물고 기도하며 자신을 들여다볼 때, 비로소 대성당이 가진 본래의 성스러운 의미에 도달할 수 있다.

에세이집 《눈이 보이지 않는 친구와 예술을 보러 가다》와 단편소설 《대성당》은 서로 다른 장르와 배경 속에서도 하나의 진실을 말하고 있는 듯하다. 진정한 '보기'란 눈으로만 이뤄지는 행위가 아니며, 진정한 '이해'란 마음이 열릴 때 가능하다는 사실이다. 요즘 우리는 그 어느 때보다 보고 싶은 것만 보고, 듣고 싶은 것만 듣는 세상에 살고 있다. 알고리즘은 우리의 취향을 분석해 편안한 콘텐츠만 반복적으로 보여준다. 익숙한 정보와 시선 속에 안주하다 보면, 내가 보는 것이 전부이자 진실이라 믿는 '확증 편향'의 틀에 갇혀버린다. 그러나 익숙한 것을 조금만 낯설게 바라보는 일, 타인의 손을 잡고 타인의 입장이 되어 보는 일, 그 작고 느린 시도야말로 새로운 세계를 여는 문이 될 수 있다.

결국 지금 우리에게 필요한 것은 더 많이 보는 눈이 아니라, 더 깊이, 더 자세히 바라보려는 태도일지도 모른다. 편견의 틀을 벗고, 익숙한 관점을 잠시 내려놓는 일만으로도 세상과 타인으로부터 말없이 전해지는 감정의 떨림을 느낄 수 있게 된다.

오르막만 있는 인생은 없다

– 레프 톨스토이 《이반 일리치의 죽음》

어릴 때 배앓이가 잦았다. 위장이 약했던 나는 잘 체했고, 어머니는 실 달린 바늘을 불로 소독한 뒤, 내 손가락을 따 시커먼 피를 뽑아내곤 했다. 직장생활로 바쁜 일상을 보내던 마흔 중반 무렵, 언제부턴가 점심 식사 이후 배가 자주 아팠다. 회사 근처 병원에서 위장약을 처방받아 먹어봤지만, 별다른 진전이 없었다. 그러던 어느 날, 평소와는 전혀 다른 느낌의 복통이 시작되더니, 저녁 무렵 데굴데굴 구를 정도로 통증이 심해졌다. 결국 급하게 병원을 찾았고, 맹장염 수술을 받게 되었다. 맹장을 떼어내는 과정에서 장 협착으로 인한 천공까지 생겨 수술이 길어졌고, 결국 여름휴가를 병원 침대 위에서 보내야 했다. 나중에야 알게 된 사실이지만, 내 통증의 더 근본적인 원인은 이날 떼어낸 '맹장'이 아니라 무너진 면역체계였다.

입원해 있는 동안 그간 몰두했던 회사 일, 부여잡았던 인간관계, 늘 짊어지고 다녔던 의무와 책임의 무게들이 하나둘 다르게 보이기 시작했다. 그 모든 것이 건강을 잃으면 다 부질없다는 생각이 들었다. "뭣이 중헌디?" 소리가 저절로 나왔다. 내 삶의 우선순위를 다시 돌아보게 되었다. 병원 복도를 오가는 사람들 속에서 '아픈 이'가 이렇게도 많다는 사실에 새삼 놀랐고, 내 곁을 지켜준 가족과 친구들의 소중함도 깨달았다. 유한한 인생에서 내 시간과 정성을 어디에 쏟아야 할지 잘 선별하는 지혜가 필요하다는 생각이 들었다. 병원에 입원해야 보이는 것들이 있었다.

평소 자신이 언젠가는 죽을 것이라는 사실을 인지하고 사는 사람은 과연 얼마나 될까. 매일 뉴스를 통해 전해지는 사망사건 소식과 수없이 다녀오는 장례식장 조문 속에서도, 우리는 여전히 죽음을 나와는 상관없는 먼 이야기로 여긴다. 19세기 러시아의 대문호 레프 톨스토이(1828~1910)의 중편소설 《이반 일리치의 죽음》의 주인공도 마찬가지였다. 출세 가도를 달리던 성공한 판사였던 이반 일리치는 누구보다 '삶'을 사랑했던 인물이다. 인생의 '품위'를 중요시했고, 고상한 상류층의 삶을 지향했다. 그에게 죽음은 상상조차 하기 싫은 불청객이었다.

논리학 수업에서 배운 "카이사르는 사람이다. 사람은 죽는다. 그러므로 카이사르도 죽는다."라는 삼단 논법처럼 이반 일리치도 모든 인간이 죽는다는 사실을 알았지만, 정작 자신은 예외일 것이라 믿었다. 그랬던 그에게 어느 날 느닷없는 질병이 찾아오고, 하루하루 증상이 악화되면서 그제야 그는 죽음이라는 실체를 마주한다. 소설은 이반 일리치의 부고가 그의 직장이었던 법원에 전해지는 장면으로 시작된다.

톨스토이는 이반 일리치가 죽음을 앞두고 겪게 되는 심리적 변화를 치밀하게 그려낸다. 이는 엘리자베스 퀴블러 로스가 1969년에 출간한 책 《죽음과 죽어감》에서 정의한 '죽음의 다섯 단계' 사이클과 그대로 일치한다. '부정-분노-타협-우울-수용'의 단계를 이반 일리치 역시 그대로 밟는다. 처음에는 병을 부정하고, 이내 무심한 세상에 분노하며, 마지막에는 깊은 절망 속에서 자신을 되돌아보게 된다. 그리고 마침내, 자기 영혼과의 대화를 통해 스스로에게 묻는다.

"너한테 필요한 게 무엇이냐?"

"사는 것이라고?"

"어떻게 사는 걸 말하는 거지?"

"예전엔 그렇게 편안하고 행복하게 살았어?"

품위 있게 사는 것이 삶의 신조였던 일리치가 어린아이처럼 엉엉 소리 내어 울기 시작한다. '죽기 전에 삶이 주마등처럼 지나간다'라는 이야기처럼, 그는 자신이 지금까지 어떤 삶을 살았는지를 돌아본다. 그리고 비로소 자신이 그동안 산에 올라가고 있다고 생각했지만, 사실은 일정한 속도로 내려오고 있었다는 것을 인지한다.

가족조차 자신의 고통을 외면하는 상황에서 유일하게 그를 진심으로 위로한 존재는 하인 게라심이었다. 게라심의 한마디, "우리는 언젠가 다 죽습니다요. 그러니 수고 좀 못할 이유가 없지 않겠습니까?"라는 말은 이반 일리치에게 큰 감동과 위안을 준다. 죽음을 받아들이는 진실한 태도와 정성 어린 돌봄은 이반 일리치의 고단한 영혼을 위로해 준다.

이반 일리치는 죽음을 앞두고 평생 쌓아 올린 품위, 체면, 성공이라는 허상 아래 감춰진 진짜 삶의 얼굴을 마주한다. 그리고 마침내 자신이 진심으로 누렸던 기쁨은 외적인 조건에서 오지 않았으며, 진정한 삶은 남들의 시선과 기대가 아니라 자신만의 내면적 가치에서 비롯되어야 한다는 것을 깨닫는다. 마지막 순간, 그는 진심으로 과거를 뉘우치고, 남겨질 가족들을 연민의 눈으로 바라보며 마음을 내려놓는다. 그리고 조용히 말한다.

"이렇게 기쁠 수가! 죽음은 끝났어. 더 이상 죽음은 없어."

죽음의 공포를 이겨낸 그 순간, 그는 비로소 자유로워진다.

죽음을 생각하는 일은 두려움을 키우는 일이 아니다. 오히려 지금, 이 순간을 더 깊이 살아가기 위한 준비다. 병상에 누워 창밖을 바라보던 그 여름날, 나는 내 삶이 얼마나 빠르게 흘러가고 있었는지, 무엇을 향해 그렇게 달려왔는지를 돌아보았다. 그리고 언젠가는 반드시 끝이 온다는 사실을 또렷이 느꼈다.

《이반 일리치의 죽음》은 그런 시간을 통과해 본 사람에게 더욱 깊이 다가온다. 죽음의 그림자 속에서 그는 비로소 자기 삶의 진실을 바라보았고, 고통 너머의 평온을 받아들였다. 그의 마지막 고백처럼 "죽음은 끝났어. 더 이상 죽음은 없어."라고 말할 수 있으려면, 우리는 지금 마주하는 매 순간을 더 정직하게, 더 다정하게 살아내야 한다.

'메멘토 모리(Memento mori) - 죽음을 기억하라.'

이 말은 결코 어두운 문장이 아니다. 오히려 삶을 자기 손으로 껴안기 위한, 가장 환한 속삭임이다.

삶은 때때로 우리를
원하지 않는 방향으로 데려간다.
그 여정에서 고통과 상실은
불가피하게 찾아오지만,
그런 시간을 통과하며
인간은 조금씩 껍질을 벗고
본연의 얼굴을 찾아간다.

Part 3

사랑이라는 이름으로,
우리는
서로를 견디어낸다

부모 노릇, 그 고단함에 대하여

- 오노레 드 발자크 《고리오 영감》

벌써 오래전 일이다. 결혼식을 불과 몇 주 앞둔 어느 주말, 나는 친구와 만나 점심을 먹은 뒤 카페에 앉아 이런저런 이야기를 나눴다.

"결혼해서 내가 아이를 낳으면, 나는 절대 공부하라고 강요하는 엄마는 되지 않을 자신 있어. 우리 엄마도 안 그랬거든. 그 대신 세 가지만큼은 꼭 아이에게 해줄 거야. 첫째는 칭찬으로 자존감 높이기, 둘째는 여행으로 주변 사물과 환경에 관심 갖게 하기, 마지막으로 독서로 스스로 호기심을 채워가게 하기. 내가 볼 때 이 세 가지가 자녀 교육의 핵심

같아. 다른 건 몰라도 '칭찬, 여행, 독서' 이 세 가지만큼은 확실하게 밀어주고 싶어."

이야기를 듣던 친구도 정말 좋은 생각이라며 활짝 웃으며 동의했던 기억이 난다. 결혼하기도 전에, 아이가 태어나기도 전에 나는 이미 말로는 '좋은 엄마' '현명한 엄마'가 뭔지 다 아는 양 자신만만했다.

하지만 대한민국에서 부모, 그중에서도 학부모로 산다는 것은 생각보다 극한 직업이다. 멀쩡하던 부모도 10대의 학부모가 되고 나면 초경쟁 분위기에 휩쓸린다. 마치 아프리카 초원에서 평화롭게 풀을 뜯던 스프링복 떼가 더 좋은 풀밭을 선점하기 위해, 뒤에 오던 무리가 달리기 시작하면 앞에 있던 무리도 뒤처지지 않으려 덩달아 달리기 시작하는 것과 비슷하다. 한번 뛰기 시작하면 멈출 수가 없다. 왜 뛰는지도 모르고 앞에서 뛰니까 같이 달린다. 그 경주의 끝에 무엇이 기다리고 있을지 묻지도 따지지도 않는다. 이름하여 '스프링복의 비극'이다.

안타깝게도 대한민국에서 학부모가 되면 이런 무모한 경쟁에서 자유롭기가 쉽지 않다. 아이들의 사춘기 시절, 내가 딱 그랬다. 어느 날 정신을 차리고 보니 '칭찬, 여행, 독서'만을 강조하겠다는 좋은 엄마의 길에서 한참 벗어나 있었다.

 부모의 사랑이 지혜롭지 못하면 때로는 그 사랑이 자녀에게 해가 될 수도 있다. 사랑이라는 이름으로 관심과 물질을 쏟아붓지만, 방향과 방식이 잘못되면 어느새 그 사랑도 빛을 잃는다. 뒤집힌 그릇에 물을 붓는 격이다. 부모 노릇이 하루하루 고단해진다. 방향성을 잃은 부모의 사랑이 오히려 비극이 된 인물의 이야기를 우리는 고전문학 속에서도 종종 만난다. 윌리엄 셰익스피어(1564~1616)의 《리어 왕》과 오노레 드 발자크(1799~1850)의 《고리오 영감》이 대표적인 예다. 그중에서도 《고리오 영감》은 딸 바보인 아버지가 두 딸을 위해 자신의 모든 것을 다 내주었으나, 철저히 딸들에게 외면당한 채 쓸쓸한 죽음을 맞이하는 이야기다. '자식이 뭐길래'라는 탄식이 절로 나오게 만든다.

 프랑스의 소설가 오노레 드 발자크가 1835년에 단행본으로 발표한 《고리오 영감》은 그의 방대한 연작 시리즈인 《인간 희극》의 핵심으로 손꼽히는 작품이다. 19세기 파리의 허름한 하숙집을 배경으로 고리오 영감과 청년 라스티냐크를 통해 당시 파리 사교계의 민낯과 물질지상주의 세태를 돌아보게 하는 소설이다.

고리오는 일찍이 아내와 사별하고, 홀로 두 딸을 애지중지 키웠다. 딸들을 상류사회에 시집보내기 위해 고액 과외를 붙여 교양을 쌓게 했고, 딸들이 원하는 것이라면 아낌없이 돈을 투자했다. 한때는 연간 육만 프랑을 벌어들이던 부유한 상인이었지만, 자신의 안위보다 딸들의 행복이 언제나 우선이었기에 자기 자신을 위해서는 거의 돈을 쓰지 않았다. 거액의 지참금을 부담하며 두 딸을 귀족과 은행가에게 시집보내면서 고리오는 자신의 역할을 다 했다고 만족스러워했을 것이다. 하지만 두 딸은 결혼한 후에도 계속 아버지에게 돈을 요구한다. 은퇴 후 허름한 하숙집에서 점점 더 작은 방으로 거처를 옮긴 고리오는 딸들의 요청을 들어주기 위해 마지막 남은 은식기마저 내다 팔지만, 이후 그가 병들어 애타게 딸들을 찾을 때 그들은 이런저런 핑계를 대면서 아버지를 찾아오지 않았다. 결국 그의 곁을 지켜준 건, 딸들이 아닌 하숙집에서 만난 청년 라스티냐크였다. 고리오는 그에게 이렇게 말한다.

"자식들이 어떠하다는 것을 알려면 죽어야겠군. 아!

"여보게, 자네는 결혼하지 말게. 결코 자식을 낳지 말게! 자넨 자식들에게 생명을 주지만, 그 애들은 자네에게 죽음을 줄 거야."[08]

고리오의 외로운 죽음은 오늘날의 현실과도 맞닿아 있다. 자녀 교육비에 허덕이는 부모, 유학 자금 마련을 위해 노후를 포기하는 부모, 고독사한 노인의 방 안에서 발견된 자식 사진들. 우리는 종종 자녀의 성공과 성취를 강조하느라, 진짜 가르쳐야 할 것을 놓치곤 한다. 바쁜 일상에서 자식과의 소중한 유대와 추억도 잃어버린다. 자녀를 위해 모든 것을 희생했으나, 정작 자신의 노후는 제대로 준비하지 못한다. 고리오 영감의 이야기는 19세기만의 비극이 아니다. 이 시대에도 수많은 고리오 영감들이 있다.

"내가 만일 재산을 주지 않았다면, 딸년들은 여기에 와 있었을 테지. 그 애들은 키스로 내 뺨을 핥았을 거야."[09]

---

[08] 367쪽, 민음사

심리학자 알프레드 아들러는 부모와 자식 사이에도 '과제 분리'가 필요하다고 말한다. 부모는 자식의 울타리가 될 수는 있지만, 삶의 전부가 되어선 안 된다고 강조한다. 사랑하되 간섭하지 않고, 지켜보되 얽매지 않아야 건강한 관계가 형성된다고 이야기한다. 고리오 영감은 딸들을 위해 자신을 희생했지만, 그 헌신은 딸들과의 진실한 관계를 만들지 못했다. 딸들을 존재 자체로 사랑한 것이 아니라 상류사회에서 성공적 삶을 살게 하겠다는 자신의 꿈을 이뤄줄 목적으로 삼은 게 문제였다. 그 과정에서 돈을 쏟아부으며 교양을 위한 과외는 시켰지만, 정작 부녀지간의 교감이 없었고, 가르쳐야 할 인간적 덕목도 가르치지 못했다.

오늘날 많은 부모도 비슷한 시행착오를 반복한다. 자식의 삶과 자신의 삶을 분리하지 못한 채 늘 노심초사한다. 청소년기와 청년기를 지나며 독립해가는 자녀를 여전히 자신의 분신처럼, 돌보지 않으면 큰일 날 것 같은 불완전한 존재로 여기며 과도한 간섭과 관심을 쏟는다. 그렇게 하는 것이 사랑이라 믿었지만, 시간이 지나고 나면 아쉬움만 남는다. 자

---

09 368쪽, 민음사

식의 성적이 곧 부모의 성적이고, 자식의 성공이 곧 부모의 성취라고 여기는 순간, 모든 것을 쏟아붓게 된다. 그러다 보니 칭찬보다는 질책을, 자율성보다는 일방적 지시를, 스스로 길을 찾게 하는 인내보다는 빠르고 안전한 길로 이끄는 조급함이 앞선다. 그러나 부모의 역할은 자식의 삶을 대신 살아주는 것이 아니다. 자식이 자기 삶을 책임지고 살아갈 수 있도록 단단한 뿌리를 마련해 주는 것, 그것이 진정한 부모의 몫이다.

그러기 위해선 부모가 먼저 자신의 삶에 충실해야 한다. 삶의 주인으로 흔들림 없이 서 있는 부모의 모습은 자식에게 가장 강력한 본보기가 된다. 자식이 잘되길 바라는 마음은 세상 무엇과도 바꿀 수 없는 고귀한 사랑이다. 그러나 그 사랑이 진심으로 가닿기 위해서는, 부모 또한 자기 삶을 주체적으로 살아가야 한다. 그래야만 우리는 또 다른 고리오 영감의 비극을 되풀이하지 않을 수 있다.

누구도
막을 수 없는
진격의 어머니

- 로맹 가리 《새벽의 약속》

맹자모, 한석봉모, 신사임당. 이들의 공통점은 무엇일까? 그건 바로 자식의 입신양명을 위해 헌신적으로 뒷바라지했던 동양의 어머니들이라는 점이다. 그들은 교육열 높은 대한민국 엄마들의 영원한 롤모델이자 성공사례였다. 맹모를 벤치마킹하며 학군 좋은 곳으로 이사를 가기도 했고, 한석봉모를 따라 시험 기간이면 아이가 독서실에서 돌아올 때까지 졸린 눈을 비비고 기다렸다. 신사임당처럼 아이의 학업을 돕기 위해 각종 정보와 지식으로 무장한 교육 매니저를 자처했다. 그런데 이 탁월한 동양의 어머니들에게 절대 뒤

지지 않는 열정적이고 강인한 서양의 어머니 한 사람을 책 속에서 만나게 되었다. 바로《새벽의 약속》에 등장하는 로맹 가리(1914~1980)의 어머니이다.

로맹 가리는 프랑스 문학사에서 유일하게 공쿠르상을 두 번 받은 작가다. 본명 외에 '에밀 아자르'라는 가명으로 작품을 발표하면서, '한 작가에게 두 번은 수여하지 않는다'라는 원칙을 무너뜨린 전무후무한 인물이다. 하지만 그의 인생에서 진짜 특별한 존재는 그를 지탱한 단 한 사람, 바로 어머니였다. 세상의 조롱과 편견에도 아들을 향한 확신 하나로 전진했던, 멈출 줄 모르는 진격의 어머니였다.

그녀는 러시아 태생 유대인으로, 미혼모가 되어 아들을 홀로 키웠다. 가진 것도, 기댈 곳도 없는 현실 속에서 어머니는 오직 한 방향만을 바라봤다. '내 아들은 위대한 사람이 될 것이다.' 이 확신은 단지 마음속에서만 맴도는 것이 아니었다. 그녀는 기회가 닿을 때마다 그것을 말로, 행동으로 외쳤다. 어머니는 자기계발서 수십 권에서 공통적으로 강조하는 핵심 원리들을 이미 삶으로 실천한 분이었다. 긍정 확언, 끌어당김의 법칙, 잠재의식의 힘. 그 어떤 이론보다 더 강한 믿음으로 아들의 미래를 이미 이루어진 현실처럼 선언하며 살아간 사람이었다.

폴란드 윌노에 임시로 정착해서 살 무렵, 다세대 주택의 이웃 주민들은 러시아에서 온 어머니를 그다지 달가워하지 않았고 뒤에서 비방하기까지 했다. 수모를 당한 어느 날 어머니는 집집마다 벨을 누르고 계단으로 사람들을 불러낸 다음, 여덟 살짜리 아들 로맹을 앞에 세우고 큰소리로 선포한다.

"더럽고 냄새나는 속물들아! 너희가 지금 누구를 보고 있는지 아느냐? 내 아들은 프랑스 대사가 될 사람이야. 레지옹 도뇌르 훈장을 받을 거고, 위대한 극작가가 될 거라고! 입센도, 단눈치오도 능가할 거야!"[10]

로맹은 어린 마음에 상처가 될 수 있었던 그날의 풍경을 평생 잊지 못한다. 그리고 그에게로 쏟아지던 비웃음과 폭소가 자신의 인생에서 중요한 역할을 했다는 점을, 그 웃음

---

10 50쪽, 문학과지성사

덕분에 오늘날의 자신이 되었음을 고백한다. 죽고 싶을 만큼 수치스러웠던 그 순간을 동력 삼아 치열하게 싸웠고, 어머니의 꿈이 한낱 조롱거리가 되지 않게 하도록, 어머니의 인생이 해피엔드가 되게 하기 위해 평생 고군분투했다고 말한다.

놀랍게도 어머니의 예언은 하나둘 현실이 된다. 로맹 가리는 훗날 프랑스 총영사가 되고, 전쟁에 참전해 레지옹 도뇌르 훈장을 수훈하며, 문단의 중심에서 작가로 이름을 알린다. 데뷔작으로는 최고의 비평가상을 받았고, 결국 공쿠르상을 두 번 받는 유일한 작가가 된다. 모두가 비웃었던 꿈은, 시간이 지나면서 찬란한 현실이 된다.

어머니의 사랑은 단순한 헌신이 아니었다. 그것은 무너지지 않는 확신이었고, 자식을 있는 그대로 바라보기보다 '될 존재'로 믿고 기다려 주는 태도였다. 로맹 가리의 어머니는 결코 현실에 주눅 들거나 비관하지 않았다. 그저 아들이 살아야 할 이유가 되기로, 꿈의 끝까지 함께 가기로 마음먹었을 뿐이다. 제2차 세계대전 중 전선에 나간 아들과의 생이별 끝에, 오랜 지병으로 죽음을 예감한 어머니는 마지막까지 아들에게 부담을 남기지 않으려 한다. 어머니의 최종 선택은 독자의 가슴을 오래도록 울린다. 로맹 가리의 어머니가 진정 대단한 이유다.

물론 모든 부모의 기대가 자식에게 긍정적인 결과를 주는 것은 아니다. 때로는 그 기대가 감당하기 어려운 부담이 되어 자식을 억누르고, 애증의 관계를 만들기도 한다. 하지만 진심으로 자식의 삶을 응원하고, 아무런 보상을 바라지 않는 사랑은 자식에게 세상을 살아갈 이유가 되고 힘이 된다. 로맹 가리에게 어머니는 살아야 할 이유, 죽을 수 없었던 이유였다.

이 지점에서, 궁금증이 생긴다. 《고리오 영감》의 고리오 역시 아내도 없이 홀로 딸들을 키우며 모든 것을 헌신한 인물이었는데, 어째서 그 사랑은 딸들에게 가 닿지 못했을까? 그 차이와 이유를 쉽게 단정 지을 수는 없겠지만, 고리오의 사랑은 딸들의 독립적 인생을 위한 것이라기보다, 딸들을 통해 자신의 존재 의미를 유지하려는 대리만족이나 집착에 가까운 것이 아니었을까 싶다. 반면, 로맹 가리의 어머니는 아들의 가능성을 온전히 믿었고, 그가 자신의 꿈을 스스로 이끌어갈 수 있도록 항상 응원하고 밀어주었다. 아들이 자신이 없는 세상에서 당당하게 독립할 수 있는 사람이 되기를 바랐다.

> "사랑하는 내 아들아, 우리가 헤어진 지 어언 여러 해가 지났구나. 난 이제 네가 날 보지 않는 데 길이 들었기를 바란다. 왜냐하면 결국 난 영원히 있을 수는 없으니 말이다. 내가 너를 한 번도 의심해 본 일이 없음을 명심해라. 네가 집으로 돌아와 모든 것을 알았을 때 나를 용서해 주기 바란다. 나는 달리할 수가 없었단다."[11]

《새벽의 약속》은 로맹 가리가 마흔넷에 쓴 자전적 소설이다. 로맹 가리의 유머 어린 문장 속에는 어머니를 향한 깊은 그리움이 배어 있다. 작가가 자신의 인생 전반기를 돌아보며 쓴 이 이야기는 이제는 세상에 없는 어머니에게 바치는 사모곡이기도 하다. 이 책을 읽는 사람은 자연스럽게 자신의 어머니를 떠올리게 된다. 그리고 누군가의 엄마로 살아가는 이들이라면, '나는 어떤 어머니로 기억될까?' 자문하

---

11   403쪽, 문학과지성사

게 만든다. 《새벽의 약속》을 읽고 나서, 나 역시 나의 사랑하는 어머니를 생각했다. 평생을 새벽마다 가족들 한 명 한 명의 이름을 불러가며, 기도하시는 나의 어머니! 그 어머니의 사랑 덕분에 지금까지 내가 버텨왔음을 고백하게 된다. 먼 훗날 언젠가는 그 넘치는 사랑과 나도 이별해야 할 순간이 올지도 모른다. 어머니가 나에게 베풀어 주셨듯이, 나도 내 아이들에게 그 사랑이 잘 흘러가게 한 뒤, 나 또한 언젠가 나의 아이들과 기쁘게 헤어질 수 있도록 잘 준비해야겠다. 가장 깊고 단단한 부모의 사랑이란, 자식을 믿어주고, 세워주고, 마침내 두 손 가볍게 놓아줄 수 있는 용기 속에 깃들어 있다는 걸 새삼 마음에 새기게 된다.

진정한
사랑을
구별하는 법

– 서머싯 몸 《인생의 베일》

TV 채널을 돌리다 보면 연애 관찰 예능 프로그램이 제법 눈에 띈다. 청춘남녀가 낯선 공간에 모여 자신을 소개하고 서로를 알아가며 선택하는 과정은 마치 한 편의 드라마처럼 연출된다. 카메라는 그들의 눈빛과 숨결, 망설임과 설렘을 집요하게 따라가고, 시청자들은 타인의 사랑을 엿보며 대리 설렘을 느낀다. 화면 속 인물에 감정 이입하며 자신의 연애를 떠올리기도 한다. 근사한 외모와 번듯한 직업을 가진 이들이 매력적인 화술로 자신을 어필하고, 첫인상만으로 짝을 이루고, 짧은 시간 안에 설레고 흔들리며 마음을 정하는 모습이 반복된다. 관계의 깊이보다는 순간의 떨림이 우선인 것 같다. 대부분의 장면은 "누가 누구에게 설렜는가?"에 집중되어 있다. 그러나 과연 사랑이 이처럼 찰나의 감정으로 이어질 수 있을까? 사랑이 너무 외적 조건에 따라 쉽게 소비되는 것 같다는 아쉬움이 남는다.

순간적 설렘에 마음을 빼앗기는 청춘남녀에게 꼭 권하고 싶은 고전 소설이 한 편 있다. 바로 서머싯 몸(1874~1965)의《인생의 베일》이다. 이 소설은 인생의 진실은 종종 화려한 베일 속에 감춰져 있으니, 눈앞에 반짝이는 감정만을 사랑이라 믿지 않았으면 좋겠다고 말한다. 사랑은 달콤한 말이나 조건 좋은 만남만으로 완성되는 것이 아니라, 때로는 조용히, 천천히 모습을 드러낸다고 말해 주는 작품이다.

영국의 소설가 서머싯 몸이 1925년에 발표한《인생의 베일》은 남녀 간의 사랑과 배신, 속죄와 자아 성찰을 주제로, 인생의 겉모습 이면에 감춰진 진실을 들여다보게 한다. 우리가 진짜라고 믿었던 것들이 실은 허상일 수 있으며, 그 허상은 인생의 본질을 가리는 베일이라고 경고한다. 그 베일을 하나씩 걷어내는 과정을 통해, 사랑의 본질과 삶의 의미를 섬세하게 그려낸다.

"오색의 베일, 살아 있는 자들은 그것을 인생이라고 부른다."
 - 셸리[12]

소설의 맨 앞 페이지에 실린 이 구절은 퍼시 셸리의 시에서 따온 것으로, 우리가 살아가는 인생이 실제보다 멋있어 보이도록 색칠된 '베일'에 불과할지도 모른다는 의미를 담고 있다. 인생은 종종 그 실체를 드러내지 않기 때문에 사랑도, 결혼도, 인간관계도 오색찬란한 베일에 싸인 채 우리를 혼란스럽게 한다. 그러니 제대로 보려면 정신을 똑바로 차려야 한다.

주인공 키티는 사교적이고 아름다운 여성이다. 신랑감을 고르고 고르다 혼기가 지나자 초조해지고, 여동생마저 먼저 결혼한다는 소식을 듣고 다급한 마음에 자신에게 청혼한 조

---

12 13쪽, 민음사

용하고 성실한 세균학자 월터와의 결혼을 수락한다. 사랑해서라기보다는, 그저 무난하고 안정적인 삶을 제공할 것 같다는 판단에서였다. 그러나 결혼 후 홍콩에 정착한 키티는 외롭고 무미건조한 삶에 금세 지루함을 느낀다. 내향적이고 조용한 월터와 외향적이고 사교적인 키티는 애초부터 성향도, 관심사도 전혀 다른 사람들이었다.

키티가 느끼는 권태의 틈을 비집고, 어느 날 영국 총독부의 매력적인 유부남 관료 찰스 타운센드가 그녀에게 접근한다. 은근한 밀당 끝에 두 사람은 결국 불륜에 빠진다. 월터에게서 느낄 수 없던 매력을 찰스에게서 찾은 키티는 그것이 진짜 사랑이라고 믿는다. 두 사람이 불륜에 빠져드는 과정의 심리묘사를 읽다 보면 서머싯 몸이 얼마나 대단한 필력의 작가인지 알 수 있다.

아내의 외도를 알게 된 월터의 마음이 어땠을까? 하지만 그는 분노를 표출하는 대신 그녀에게 두 가지 선택지를 내민다. 찰스의 이혼을 통해 그와 재혼하든지, 아니면 자신과 함께 콜레라가 번지는 중국 내륙으로 떠나든지. 월터는 찰스가 이혼하지 않을 것을 알았으나, 키티는 순진하게도 당연히 찰스가 자신을 선택할 거라 믿는다. 하지만 그는 그저 키티와 잠시 즐겼을 뿐이다. 모든 것이 허상이었다. 배신감과 절망 속에서 키티는 월터를 따라 중국으로 향한다. 자포자기한 심정으로 따라간 오지에서 키티는 처음으로 자신이 살아온 것과는 전혀 다른 진짜 삶과 마주하게 된다. 병든 사람들, 죽어가는 아이들, 묵묵히 봉사하는 수녀들, 그리고 그 곁에서 사명감을 가지고 일하는 월터를 보며, 자신이 얼마나 공허하고 피상적인 삶을 살아왔는지를 뼈저리게 깨닫는다.

"인생은 너무나 이상해요. 평생 오리 연못 근처에서 산 사람이 갑자기 바다를 구경한 것 같은 느낌이 들어요. 그래서 약간 숨이 차지만 사기가 충천해 있죠. 난 죽고 싶지 않아요, 살고 싶어요. 새로운 용기가 솟아나는 걸 느껴요. 미지의 바다를 향해 출항하는 늙은 선원이 된 것만 같아요. 내 영혼이 미지의 세계를 동경하는 것 같아요."[13]

---

13 209쪽, 민음사

키티가 인생의 참 의미와 삶의 무상함을 깨닫는 장면이다. 찰스와의 사랑은 그녀를 무너뜨렸지만, 월터의 사랑은 그녀를 성찰과 성장으로 이끈다. 키티는 뒤늦게 월터의 진심을 발견하고 울며 용서를 구한다. 하지만 항상 소중한 것은 잃고 나서 그 가치를 알게 되나 보다.

"오. 소중한 사람, 여보, 당신이 나를 사랑했다면… 당신이 날 사랑했다는 걸 알아요. 내 자신이 증오스러워요… 부디 나를 용서해 줘요. 이제 나에겐 더 이상 참회할 기회가 없잖아요. 내게 자비를 베풀어 줘요. 제발 날 용서해요."[14]

삶은 때때로 우리를 원하지 않는 방향으로 데려간다. 그 여정에서 고통과 상실은 불가피하게 찾아오지만, 그런 시간을 통과하며 인간은 조금씩 껍질을 벗고 본연의 얼굴을 찾아간다. 키티는 모든 것을 잃고 나서야 비로소 자신을 정직하게 마주한다. 더 이상 누군가에게 선택받기 위해 살아가

---

14 259쪽, 민음사

지 않고, 누구의 그림자도 아닌 자신만의 삶을 걸어가기로 결심한다.

지금도 남의 시선에 자신의 인생을 맞추느라 온갖 화려함으로 베일을 쓴 채 '진짜 나'를 잃어버리고 사는 현대인들에게 소설 《인생의 베일》은 그 베일을 벗어버리고 '참 자기(True Self)'를 만나라고 말하는 듯하다. 또한 찰나의 설렘에 흔들리는 청춘 남녀들에게 '사랑'이라는 감정이 얼마나 깊고 조용한 것인지, 또 인생이 얼마나 복잡하고 단단한 진실들로 이루어져 있는지를 알려준다. 사랑이란 누군가의 조건을 충족시키는 일이 아니라, 그 사람의 존재 전체를 이해하고 품으려는 깊은 마음의 여정임을 월터와 키티를 통해 보여준다.

성장하는 삶, 소멸하는 삶

- 레프 톨스토이 《안나 카레니나》

기록적 폭염이 이어지던 지난해 여름, 그만큼이나 뜨거운 소설 《안나 카레니나》를 책 모임 회원들과 석 달에 걸쳐 함께 읽었다. 매일 일정 분량씩 나누어 읽고 발췌하고 단상을 나누다 보니, 마치 19세기 러시아로 톨스토이의 안내를 받아 장거리 시간 여행을 다녀온 듯했다.

《안나 카레니나》의 중심인물은 안나와 레빈이다. 유부녀 안나가 젊은 장교 브론스키와의 사랑에 빠져 사회적 파멸과 내적 고통을 겪는다면, 귀족 청년 레빈은 흠모하던 여인과의 결혼을 통해 가정을 꾸리고 농민들과의 노동을 통해 진정한 삶의 의미를 끊임없이 모색한다. 두 사람의 인생을 큰 축으로 이야기가 교차된다.

> "모든 행복한 가정은 서로 닮았고, 모든 불행한 가정은 제각각으로 불행하다."[15]

너무나 유명한 첫 문장을 실제 작품 속에서 마주하니 감회가 남달랐다. 의미는 선명한 듯하면서도, 아리송했다. 재레드 다이아몬드가 《총, 균, 쇠》에서 언급하는 바람에 '안나 카레니나의 법칙'이라는 이름까지 붙였지만, 이 문장에 대한 해석은 각자의 몫인 듯하다. 나는 인생에는 '행복'을 구성하는 필요충분조건 같은 것이 있어서 그 조건만 충족되면 대부분 비슷하게 만족감을 느끼지만, 그중 하나라도 빠지면 그 빠진 요소 때문에 제각각 불행해진다는 뜻으로 이해했다. 그렇다면 행복을 좌우하는 필요충분조건은 무엇일까. 추측건대 '사랑, 신뢰, 건강, 재정, 성장' 이 다섯 가지 핵심가치 같은 것이 아닐까 싶다. 그 가치를 공으로 삼아 공중에서 저

---

15 13쪽, 1권, 열린책들

글링을 하는 모습이 떠올랐다. 하나라도 떨어뜨리면 삶 전체가 균형을 잃고 말 것이다. 그중에서도 가장 소중하고, 동시에 가장 위험한 것이 '사랑'이라는 것을 알게 된다.

서머싯 몸의 《인생의 베일》처럼, 《안나 카레니나》에서도 '사랑'은 인간의 삶을 가장 극적으로 흔드는 감정이다. 어떤 사랑은 누군가의 삶을 키우고, 또 어떤 사랑은 누군가의 삶을 완전히 무너뜨린다. 《인생의 베일》의 키티와 《안나 카레니나》의 안나를 봐도 잘 알 수 있다. 두 사람 모두 자신이 선택한 사랑으로 힘들어했으나, 한 명은 남편 월터를 통해 다시 성장하는 사랑의 길을 보여주었고, 안나는 브론스키와 함께 끝내 소멸하는 사랑의 길로 들어선다. 사랑이 단순한 감정을 넘어 삶의 방향까지 결정짓는 중요한 요소임을 알려준다.

《인생의 베일》 속 키티는 사랑과 결혼을 오해한 인물이다. 결혼 이후 설렘이 사라지자 외도로 도피하지만, 콜레라가 퍼진 중국 내륙에서 남편 월터와 지내는 동안 처음으로 진짜 삶과 마주하게 된다. 사랑이 얼마나 깊은 책임과 성찰을 요구하는지를 깨닫는다. 반면 《안나 카레니나》의 안나는 젊은 장교 브론스키와의 열정적인 사랑에 모든 것을 걸지만, 그 사랑은 점차 집착과 불안으로 변질되면서 그녀를 고립과 파멸로 몰아넣는다. 브론스키와의 관계는 안나의 전부가 되었고, 세상과의 연결이 끊긴 순간 그녀를 붙들어줄 그 무엇도 남지 않았다. 톨스토이는 안나의 파국을 통해, 사랑이 내면의 성숙 없이 얼마나 쉽게 무너질 수 있는지를 적나라하게 보여준다.

《안나 카레니나》의 또 다른 주인공, 어쩌면 진짜 주인공은 레빈이다. 톨스토이의 분신인 그는 사랑, 노동, 신념, 가족 등을 두고 삶의 의미를 끊임없이 성찰한다. 그러나 그에게 결정적인 전환점을 가져온 것은 사랑도, 결혼도 아닌 형 니콜라이의 죽음이다. 그것은 단순한 가족의 죽음이 아니라, 존재 전체를 뒤흔드는 체험이었다. 레빈은 무력하게 죽어가는 형을 지켜보며 "삶이란 무엇인가?" "죽음이 끝이라면 살아간다는 것은 어떤 의미인가?"라는 물음을 맞닥뜨린다.

니콜라이는 자유롭지만, 파괴적인 삶을 살다 병으로 쓰러진 인물이다. 레빈은 눈앞에서 야위고 쇠약해진 형을 보며, 더 이상 '형'이라는 존재를 느끼지 못한다. 생명 없는 육체는 껍데기처럼 여겨지고, 인간 존재의 유한성과 덧없음은 더욱 선명해진다. 하지만 그는 절망에 머물지 않는다. 표도르라는 농부의 말 속에서 전환점을 맞는다. 어떤 이는 자기만을 위해 살고, 또 어떤 이는 "영혼을 위해 살아간다"라는 말은, 레빈에게 삶의 방향을 제시한다. 삶의 의미는 외부에서 주어지는 것이 아니라, '선(善)'을 향해 살아가는 의지 속에서 생겨난다는 것을 깨닫게 된다. 물론 그 깨달음이 곧 완전한 변화로 이어지지는 않는다. 레빈은 곧 사소한 일에 욱하고, 후회하며, 흔들린다. 그런데도 다시 질문으로 돌아온다. 인간은 완벽해질 수 없지만, 질문을 멈추지 않는 존재라는 것을 깨닫는다.

> "내 삶은, 내 일평생은, 매 순간이 예전처럼 무의미하지 않을 뿐만 아니라, 선(善)이라는 의심할 바 없는 의미를 지닌다. 그 의미를 내 삶 속에 불어넣을 권한이 나에겐 있다."[16]

16　472쪽, 3권, 열린책들

레빈의 마지막 독백은 삶을 향한 조용한 선언처럼 다가온다. 완전한 해답이 아니라 '좋은 방향'을 향해 나아가려는 의지, 그것이야말로 삶을 살아내는 방식이자, 성장하는 삶의 본질이다. 어쩌면 이는 레빈의 입을 빌려 톨스토이가 독자들에게 궁극적으로 전하고자 한 말일지도 모른다.

《안나 카레니나》는 사랑과 욕망의 이야기이자, 삶과 죽음의 본질을 집요하게 파고드는 이야기다. 레빈이 형의 죽음을 통해 얻은 성찰은 단지 철학적 사유에 그치지 않고, 오늘을 사는 우리에게도 깊은 울림을 안긴다. 살아 있다는 것, 그리고 죽음을 기억한다는 것. 그 긴장 속에서 우리는 마침내 자신에게 묻게 된다.

"나는 어떻게 살아야 하는가?"

우리는 안나와 레빈의 각기 다른 삶을 통해 사랑은 함께 성장하는 과정이어야 하며, 삶의 의미는 외부의 기준이 아닌 내면과의 화해에서 비롯된다는 것임을 알게 된다. 도덕은 타인을 판단하는 잣대가 아니라, 자신을 비추는 거울이어야 한다는 것도 깨닫게 된다. 누군가는 소멸로 향하고, 누군가는 성장을 선택한다. 흔들림 없는 인생은 없다. 그러나 그 흔들림 속에서도 질문을 멈추지 않는 태도, 그것이야말로 '성장하는 삶'의 방식일 테다. 뜨거운 여름,《안나 카레니나》를 읽으며, 수많은 등장인물의 삶과 죽음을 함께 고민하고 안타까워했던 우리도 독서를 통해 한 뼘씩 성장했으리라.

사랑이
필요한
세상

– 에밀 아자르 《자기 앞의 생》

오래전, 산부인과 병원에서 첫아이를 품에 안았던 순간이 문득 떠오른다. 조막만 한 손, 쭈글쭈글 퉁퉁 부은 얼굴, 아직 제대로 뜨지 못한 눈. 세상에서 가장 작고 여린 생명이 품 안에 들어왔을 때, 그간의 산고도, 온몸의 피로도 순식간에 사라졌다. 기쁨의 눈물이 흘렀고, 나는 조용히 속삭였다.

"오, 하나님. 감사합니다. 감사합니다. 제가 잘 키울 수 있도록 도와주세요."

인간은 그렇게, 누군가의 돌봄 없이는 단 한 순간도 버틸 수 없는 존재로 태어난다. 연약하지만, 사랑스러운 존재로.

한자 '사람인(人)'은 사람의 옆모습을 본떠 만든 상형문자라고 한다. 그러나 내 눈에는, 등을 맞대고 서로에게 기대고 선 두 사람의 모습처럼 보인다. 사람은 서로에게 기대어 살아야만 하는 존재라는 뜻을, 오래전부터 그 글자에 담아둔 것 같다. 우리는 모두 사랑해 줄 누군가를 필요로 하고, 기대어 울 수 있는 품이 절실하다. 아이들에게는, 그 절실함이 곧 생명과 직결된다.

프랑스 작가 로맹 가리가 '에밀 아자르'라는 또 다른 이름으로 발표한 소설 《자기 앞의 생》은, 열네 살 아랍계 고아 소년 '모모'와 노년의 유대인 여성 '로자 아줌마'가 서로에게 기대어 퍽퍽한 삶을 견뎌낸 이야기다. 남들에게는 당연하게 있는 부모가, 모모에게는 없다. 아버지의 얼굴은커녕 이름조차 알지 못하고, 어머니는 잃어버린 이름처럼 사라졌다. 자신이 정확히 몇 살인지도 모른 채, 프랑스 빈민가 허름한 건물 7층에서 로자 아줌마와 함께 살아간다.

모모는 로자 아줌마가 아무런 대가 없이 자신을 사랑하기에 돌봐준다고 믿었다. 그러나 어느 날, 자신을 위해 누군가 돈을 지불하고 있다는 사실을 알게 된다. 그것은 모모 인생의 첫 번째 큰 슬픔이었다. 로자 아줌마는 눈물을 펑펑 흘리는 모모에게 담담히 말한다.

"가족이란 알고 보면 아무것도 아니란다."

그리고 해마다 바캉스를 떠나며 나무에 묶어 놓고 가버리는 수천 마리 개들의 이야기를 들려준다. 세상은 그렇게 무심하고, 인간의 사랑마저 가볍다고 알려준다. 그럼에도 로자 아줌마는 맹세한다.

"너는 내게 세상에서 가장 소중한 존재야."

그 약속조차 믿기 힘든 모모는 울며 방을 뛰쳐나간다. 그리고 양탄자 장수 하밀 할아버지에게 묻는다.

"할아버지, 사람이 사랑 없이 살 수 있어요?"[17]

이 질문 하나가, 소설 전체를 관통하는 외침처럼 들린다. 할아버지는 대답을 피하지만, 모모가 재촉하자 부끄럽게, "그렇단다."라고 말한다. 그러나 둘 다 알고 있었다. 사람은, 사랑할 사람이 없이는 살아갈 수 없다는 것을. 모모는 어

---

17   13쪽, 문학동네

단가에 있을 엄마의 관심을 끌려고 일부러 장난을 치고 말썽을 부린다. 그러나 끝내, 그리워하던 엄마는 세상에 없다. 그리고 모모를 데리러 왔던 아버지마저, 운명처럼 계단에서 굴러 세상을 떠난다. 모모에게 남은 것은 이제 오직 로자 아줌마뿐이다.

병색이 짙어진 로자 아줌마는 끝내 병원에 가기를 거부한다. 유대인 수용소에서 겪었던 끔찍한 기억이, 여전히 그녀를 짓누르고 있었다. 그녀는 모모에게 거듭 당부한다. 자신의 상태가 아무리 나빠져도, 병원에는 절대 보내지 말아 달라고. 모모는 그 약속을 지킨다. 모모와 로자 아줌마의 마지막 이별 장면을 읽으며, 한동안 나는 책장을 넘기지 못했다. 〈세상에 이런 일이〉에나 나올 법한 믿기 힘든 광경이었지만, 동시에 세상에서 가장 조용하고 아름다운 사랑의 모습이었다. 서툴지만 진심으로 서로를 대했던 두 사람. 모모에게 로자 아줌마는 세상의 그 어떤 가족보다 큰 존재였고, 로자 아줌마에게 모모는 삶의 끝까지 의지할 수 있는 마지막 사랑이었다.

모모는 여전히 그녀를 그리워할 것이다. 그러나 그 사랑의 기억을 품고, '자기 앞의 생'을 묵묵히 걸어갈 것이다. 사람은, 진심으로 자신을 사랑해 주는 단 한 사람이 있다면, 절망의 끝에서도 다시 일어설 수 있다. 사랑은 삶을 붙드는 마지막 힘이며, 서로를 구원하는 가장 조용한 기적이기 때문이다.

《자기 앞의 생》은 세상의 가장 낮고 소외된 자리에 선 이들이 서로에게 기댄 채 하루하루를 견뎌내는 모습을 감동적으로 그려낸다. 그 안에서 피어난 사랑과 연대는 인간의 존엄을 지켜주는 깊은 힘이 된다. 혈연으로 맺어지지 않은 사이에서도, 서로를 향한 진심이 있다면 가족이 되고 삶의 의미가 될 수 있다는 사실을 조용히 전해준다.《고리오 영감》의 부성애가 자식에게 닿지 못한 사랑의 슬픔을 보여줬다면,《자기 앞의 생》의 사랑은 비혈연의 관계에서도 진심이 있다면 끝까지 서로를 품고 지켜낼 수 있음을 보여준다. 사랑은 크기가 아니라 방향이며 태도라는 사실을 다시 한번 확인하게 된다.

사랑은 존재의 자격을 묻지 않는다. 누구나 사랑받아야 할 이유를 증명하지 않고도 사랑받을 수 있어야 한다. 그리고 사랑할 자격 역시 따로 정해져 있지 않다.《자기 앞의 생》

은 우리에게 말한다. 끝까지 곁을 지켜주는 일, 그것이야말로 이 불완전한 세상을 견디게 하는 유일한 온기라고. 그래서 마지막 장면에서 모모가 한 말이 긴 여운으로 남는다.

"사랑해야 한다."[18]

그 어느 때보다 사랑이 필요한 세상이다.

---

18 343쪽, 문학동네

서로에게
가장 특별한
존재

– 앙투안 드 생텍쥐페리 《어린 왕자》

아주 오래전, 성남의 한 남자 고등학교에서 프랑스어 교사로 근무한 적이 있다. 제2외국어로 프랑스어를 선택한 2, 3학년 학생들과 함께한 수업에서 나는 교과서로 진도를 나가는 짬짬이 앙투안 드 생텍쥐페리(1900~1944)의 《어린 왕자》 이야기를 들려주곤 했다. 코끼리를 삼킨 보아 구렁이 그림부터, 어린 왕자와 까칠한 장미의 이야기, 여우가 알려준 '길들인다는 것'의 의미, 그리고 "가장 중요한 것은 눈에 보이지 않는다."라는 말까지, 하나하나 열정적으로 설명했다. 어린 왕자가 거쳐 간 여섯 개 별에 사는 어른들의 모습이 무

엇을 상징하는지도 함께 생각해 보았다.

시험을 출제할 때면 중간고사와 기말고사지 하단의 빈 여백에 "사막이 아름다운 건 어딘가에 우물이 숨어 있기 때문이야."라는 문장을 한국어와 불어로 적어 힘든 입시 여정을 치르고 있는 아이들에게 응원 메시지를 보내기도 했다. 그로부터 꽤 오랜 시간이 흘렀다. 지금쯤은 그 아이들도 어엿한 사회인이 되어, 제법 인생의 무게를 감당하고 있을 것 같다. 각자의 자리에서 분투하고 있을 그들을 떠올리면, 보고 싶고 애틋한 마음이 인다.

《어린 왕자》는 전 세계에서 성경 다음으로 많이 팔린 책 가운데 하나다. 겉보기엔 어린이를 위한 동화처럼 보이지만, 그 속에 담긴 철학적 메시지의 깊이는 오히려 어른을 위한 우화에 가깝다. 어린 왕자가 세상을 알아가기 위해 자기 별을 떠나 방문한 여섯 개의 소행성에는 권력에 집착하는 왕, 인정욕구에 중독된 허영꾼, 자기혐오에 빠진 술주정뱅이, 숫자와 소유에 매몰된 사업가, 기계적 의무감에 지친 가로등 점등원, 경험 없는 지식만 축적하는 지리학자가 살고 있다. 그들은 삶의 본질을 잃어버린 어른들의 자화상처럼 보인다.

어린 왕자는 그들을 이해할 수 없다는 사실을 깨닫고 일곱 번째 별인 지구로 향한다.

이야기는 사막에 불시착한 조종사가 어느 날 금빛 머리의 소년, 어린 왕자를 만나면서 시작된다. 자신의 별을 떠나 여러 소행성과 지구를 여행한 어린 왕자는 조종사이자 작가의 분신인 인물에게 삶과 관계에 대한 깊은 생각들을 전한다. 그중에서도 여우를 통해 배운 진실, "가장 중요한 것은 눈에 보이지 않는다."라는 메시지는, 진실을 보려면 고정관념을 내려놓고 마음의 눈으로 보아야 한다는 깨달음을 전해 준다.

어린 왕자는 여러 별을 떠돌다 결국 자신이 떠나온 별에 피어 있는 한 송이의 장미가 자신에게 얼마나 특별한 존재였는지를 깨닫는다. 사막에서 만난 여우는 그에게 '길들인다'라는 개념을 알려주며 이렇게 말한다.

"길들인다는 건, 관계를 맺는다는 뜻이야."
"네가 너의 장미를 소중히 여기는 건, 네가 그 장미에게 바친 시간 때문이야."[19]

장미 정원에 있는 수천 송이의 장미를 보며 자신의 별 장미가 초라하다고 실망하는 어린 왕자에게 여우는 말해준다. 진짜 사랑은 저절로 생기는 것이 아니라 시간과 정성을 들여야 비로소 피어나는 것임을. 그리고 진정한 관계란 반드시 '책임'을 전제로 한다는 것도. 여우는 그에게 사랑의 본질을 일깨우는 내면의 스승 같은 존재다.

사랑과 우정, 진정한 관계는 기꺼이 정성을 기울이고 시간을 들여야만 가능한데도, 어른들은 그 사실을 종종 잊는다. 인간관계를 손익 계산처럼 따지며, '그 사람이 나에게 무엇을 해줄 수 있는가'를 기준으로 삼는다. 그러다 보니 깊고 지속적인 관계를 맺는 일이 점점 더 어려워지고 있다. 《어린 왕자》는 자신에게 가장 특별한 한 송이 장미를 지키기 위해 먼 우주를 떠돌았던 소년의 여정을 통해, 진정한 사랑이란 결국 책임지는 마음에서 비롯된다는 것을 조용히 일러준다.

오늘날 우리는 SNS로 수백 명, 수천 명과 '친구'를 맺고, 하루에도 여러 사람의 일상을 들여다본다. 그런데 클릭 몇

---

19 80쪽, 소담출판사

번이면 연결되고, 대화가 가능하지만 정작 마음 깊이 속내를 털어놓을 사람은 별로 없다. 겉으론 연결되어 있지만, 정작 마음은 점점 더 멀어지는 느낌이다. 관계는 많아졌는데, 친밀함은 줄어들고, 사람들은 더 외로워졌다고 느낀다.

여우가 말한 '길들임'은 그런 세상에 던지는 질문이다. 진짜 관계란 시간을 들여 서로를 알아가고, 기꺼이 책임지며, 마음을 나누고, 함께 시간을 축적하는 일이어야 한다. 반면 SNS는 편리하게 서로를 연결해 주지만, 그 속에서 우리는 누구에게도 깊이 길들지 않고, 누구도 나를 진심으로 길들여주지 않는다. 그래서 특별한 존재가 되지 못하고, 특별하게 여겨지지 않는 공허함만 남는지도 모른다. 특별한 존재가 되기 위해선 얼굴을 맞대고 시간을 들여야 한다. 기다려주고, 바라봐주고, 함께 있는 시간을 진심으로 나누어야 한다. 지금 내 곁에 있는 사람들을 위해 나는 과연 얼마나 시간을 들이고 있는가.

"너는 네가 길들인 것에 대해 영원히 책임이 있어."

어린 왕자의 말이 깊이 마음을 두드린다.

우리가 매일 되풀이하는 일상,

무의미해 보이는

일과 관계 속에서도,

삶은 여전히

재해석될 수 있고

다시 써 내려갈 수 있다.

Part 4

슬픔을 안고도
아름다움을
바라보라

앞만 보고 달려온 직장인의 슬픈 자화상

- 가즈오 이시구로 《남아 있는 나날》

'사유 없는 열심은 회한만을 남길 뿐이다.'

가즈오 이시구로(1954~)의 소설 《남아 있는 나날》의 주인공 스티븐스를 보며 떠오른 생각이다. 영국 대저택의 총괄 집사로 외길 인생을 살아온 그의 삶은 융통성 없고 답답해 보이다가도, 문득 그에게서 나를 비롯한 대다수 직장인의 모습이 겹치는 순간엔 당혹스러움을 감출 수 없었다. 스티븐스는 아버지에 이어 자신 역시 집사가 된 '뼛속까지 집사'인 인물이다. 제1차, 제2차 세계대전을 전후해 유럽의 정치 지형을 좌우하던 거물들이 드나들던 달링턴 경의 대저

택에서, 그는 '위대한 집사'가 되겠다는 목표와 자부심을 품고 살아간다. '위대한'이라는 수식어에 걸맞은 '품위'를 갖추기 위해 그는 부단히 자신을 갈고닦는다. 이 모습은 마치 직장인의 꽃인 '임원'을 목표로 일에 몰두하는 회사원과도 닮았다. 그의 목표 지향적 삶에서 사생활은 언제나 뒷전으로 밀려난다. 그는 '품위'에 맞는 자질을 기르기 위해 백과사전과 상류층이 등장하는 연애소설을 읽어 고급 어휘를 익히지만, 정작 자신에게 다가온 사랑의 기회는 알아차리지 못하고, 상사의 정치적 행보가 어떤 위험을 안고 있는지도 관심 두지 않는다. 그저 맡은 바 임무에만 충성할 뿐이다. 오늘날의 직장인들도 업무에 뒤처지지 않기 위해 경제 서적, 마케팅 전략서, 미래 기술 동향서를 부지런히 읽지만, 정작 자신에게 이 일이 어떤 의미와 가치를 지니는지, 내가 속한 조직이 어떤 방향으로 나아가고 있는지는 묻지 않는 모습과 닮았다.

그가 평생을 바쳐 모신 달링턴 경이 나치 지지자로 몰려 불행한 선택을 하게 되자, 스티븐스가 정성을 다해 헌신했던 34년의 집사 생활은 남들 앞에 숨겨야 할 부끄러운 과거가 되어버린다. 이후 저택을 인수한 미국인 새 주인에게, 그 집을 가장 잘 아는 총괄 집사라는 이유로 저택과 함께 고용 승계되는 신세가 된다. 마치 '1+1'처럼. 그가 그토록 꿈꾸었던 '위대한 집사'는 과연 그의 인생에 어떤 의미였으며, 무엇을 남긴 것일까. 스티븐스의 초라한 현재 모습은 슬픈 직장인의 자화상처럼 보인다.

대다수의 직장인 또한 하루하루 주어진 일에 충성하다가, 어느 날 '저택'이 남의 손에 넘어가듯 자신의 자리가 애매해지는 순간을 맞이한다. 매달 통장에 꽂히는 월급에 취해 직장 밖의 삶을 상상하지 못한 채 달려오다, 문득 설국열차의 기계실 아이들이 더는 맞지 않는 몸으로 열차에서 내려야 했던 것처럼, 우리 역시 언젠가는 열차에서 내려야 할 순간이 온다. 눈발이 흩날리는 추운 겨울날, 텅 빈 플랫폼에 가방 하나 덩그러니 들고서. 누군가에게는 그것이 명예퇴직일 수도, 정년퇴직일 수도, 혹은 조기 퇴직일 수도 있다. 열차 하차 시간은 점점 빨라지고 있다. 벼락처럼 그날은 찾아온다. 플랫폼에 선 사람들은 한동안 갈 길을 잃은 듯 깊은 우울과 상념에 잠긴다. '온몸 바쳐 충성했던 그 조직은 나에게 무엇이었나? 젊은 날의 열정과 시간을 모두 쏟아부으며 소중한 가족을 저만치 후순위로 미뤄가며 헌신했던 그 일이 정말 내 인생에 그토록 중요한 일이었나?' 전전긍긍 눈치 보며 살아온 세월이 한순간 야속하게 느껴진다.

니체는 인간 정신의 성장 단계를 '낙타-사자-어린아이'로 비유했다. 1단계는 시키는 일을 묵묵히 수행하며 사막을 건너는 '낙타'의 삶이고, 2단계는 기존의 가치를 부정하고 사막의 주인이 되려고 포효하는 '사자'의 시기다. 그러나 2단계 역시 단지 거부에 그칠 뿐 새로운 창조에는 이르지 못한다. 마지막 3단계가 되어야 비로소 어린아이가 춤추듯, 놀이하듯, 자신의 삶을 기쁘게 살아갈 수 있다. 이것이 니체가 말하는 궁극적인 인간의 모습이다. 어쩌면 스티븐스를 비롯한 대다수 직장인이 살아온 시간은 1단계, '낙타'의 시간이 아니었을까. 자기성찰 없이 주어진 일만 감당하기에도 벅찼던 시간이었다. 힘이 빠진 낙타는 결국 퇴출될 수밖에 없다. 그러나 지나간 날을 후회하는 건 무의미하다. 이제는 '낙타'에서 벗어나 '사자'의 시간을 통과해, 마침내 '어린아이'처럼 삶을 기쁘게 살아갈 방도를 찾아야 할 때다. 중요한 것은 앞으로의 '남아 있는 나날'이다. 스티븐스가 생애 첫 개인 휴가를 받아 떠난 여행에서 예전에 함께 일했던 켄튼 양을 만나고 돌아오던 날, 부둣가에서 자신의 지난날을 후회하며 우울한 상념에 빠질 때 옆에 앉은 사람이 하는 말은 그래서 의미심장하다.

> "즐기며 살아야 합니다. 저녁은 하루 중에 가장 좋은 때요. 당신은 하루의 일을 끝냈어요. 이제는 다리를 쭉 뻗고 즐길 수 있어요. 내 생각은 그래요. 아니, 누구를 잡고 물어봐도 그렇게 말할 거요. 하루 중 가장 좋은 때는 저녁이라고."[20]

그렇다. 스티븐스에게도, 우리 모두에게도 남아 있는 나날, 인생의 '저녁'을 어떻게 채워갈지가 더 중요하다. 울적한 감상에 젖는 것도 잠시, 다시 마음을 추스른 스티븐스는 새 주인이 강조하는 '유머 감각'을 배우겠노라 다짐한다. 자신을 위한 변화라기보다는, 여전히 주인을 기쁘게 하기 위한 다짐이라는 점에서, 그는 어쩔 수 없는 '본-투-비 집사'다.

---

20 180쪽, 민음사

평생 자신에게 귀 기울여본 적 없는 사람이 하루아침에 달라지기를 기대하는 건 무리일지 모른다. 그러나 고지식하게 살아온 그가 유머의 가치를 인정하고자 마음먹은 것만으로도 놀라운 변화다. 유머를 익히다 보면 인생을 더 유연하게 바라보게 될 테고, 그러다 보면 자신의 진짜 소망이 무엇인지 알게 되는 날이 언젠가 올지도 모른다.

혹시 당신도 스티븐스처럼 열심히 달려왔지만 별로 이룬 게 없다는 허무함에 시달린 적이 있는가? 그렇다면 지금이야말로 당신의 '남아 있는 나날'을 위해 마음을 새로이 다잡을 시간이다. 이전과는 다른 방식으로 살아볼 용기를 낼 때다. 남의 시선이 아닌, 자기 내면을 들여다보아야 할 시간이다. 남을 기쁘게 하기 위한 의무가 아닌, 나 자신에게 옳고 즐거운 일을 찾아, 아이처럼 들뜬 마음으로 새로운 여행을 준비해야 할 시간이다. 지금, 그 열차표를 예매해야 할 순간이 왔다.

세일즈맨으로
살아가는
우리 모두에게

– 아서 밀러 《세일즈맨의 죽음》

예전 회사에 다니던 시절, 나는 수없이 많은 경쟁 입찰 심사에서 제안발표를 했다. 정해진 PT 시간 안에 우리 회사만의 강점을 효율적으로 설명하고, 왜 타사가 아닌 우리여야 하는지를 설득력 있게 전달해야 했다. 꼭 따내야 하는 중요한 입찰을 앞두고는 며칠 밤을 발표 자료와 씨름하며 연습에 연습을 거듭했다. 수주율이 높았던 덕에 '피달(PT의 달인)'이라는 별명을 얻기도 했지만, 심사 현장의 긴장감과 치열함은 견디기가 쉽지 않았다. 심사에 한 번 나갔다 오면 수명이 단축되는 기분이었다. 야구 경기처럼 이길 때도 있었고 질 때도 있었다. 수주에 성공한 날은 하늘을 나는 것 같았고, 탈락한 날은 뼈아픈 눈물을 삼켰다. 사실 그렇게 일희일비할 일이 아니었는데, 그때는 왜 그렇게 마음을 졸였는지 모르겠다. 그래도 지나고 보니 그 모든 경험은 분명 내 삶의 중요한 자양분이 되었다.

가만히 생각해보면, 현대 사회를 살아가는 우리는 모두 각자의 무언가를 팔며 살아가는 '세일즈맨'이다. 직장인이든 주부든 자영업자든, 우리는 자신이 가진 경험과 기술, 지식과 인맥, 태도와 품성을 통해 타인에게 자신을 적극 어필한다. 내가 속한 곳에서 더 눈에 띄기 위해, 더 가치 있어 보이기 위해 끊임없이 자신을 다듬는다. 언젠가는 그 고유함으로 성공하길 바라는 마음, 그게 우리를 버티게 한다. 하지만 때로는 그 꿈과 성공에의 열망이 겉으로 드러나는 외형적인 숫자와 성과에 매몰되기 시작하면, 어느새 우리를 옭아매는 족쇄가 되기도 한다. '무엇이 되느냐'에만 몰두하다 보면, '어떤 삶을 살고 있는가?'를 놓치게 되는 것이다.

아서 밀러(1915~2005)의 희곡 《세일즈맨의 죽음》 역시 그런 근원적 질문을 우리에게 던지는 작품이다. 인생이라는 무대 위에서 누구보다 성공을 열망하며 달려간 한 남자, 윌리 로먼. 그는 한때 잘나가던 세일즈맨이었다. 사람들에게 인기 있고, 외형이 그럴듯하면 누구나 성공할 수 있다고 믿었고, 그런 신념을 두 아들에게도 고스란히 전하고자 했다. 하지만 세상은 그의 기대대로 흘러가지 않았다. 대공황과 시대의 변화 속에서 그는 낡은 영업방식에 갇혀 점점 밀려났고, 결국 회사에서도 가정에서도 자신의 자리를 잃고 만다.

> "저는 이 회사에서 삼십사 년을 봉직했는데, 지금은 보험금조차 낼 수 없는 형편입니다. 오렌지 속만 까먹고 껍데기는 내다 버리실 참입니까? 사람은 과일 나부랭이가 아니지 않습니까?"[21]

윌리는 젊은 사장에게 호소했지만, 사장은 냉정하게 그를 해고한다. 효율과 생산성이 인간의 가치를 평가하는 유일한 잣대가 된 세상에서, 그는 조용히 밀려난다. 이제 윌리에게

---

21 97쪽, 민음사

남은 유일한 희망은 가족밖에 없다. 그는 큰아들, 비프가 자신의 꿈을 대신해 성공하길 바랐다. 하지만 예전에 우연히 아버지의 외도 사실을 목격한 비프는 마음의 문을 닫아버렸다. 서로를 향한 기대는 실망으로, 사랑은 고통으로 바뀌었다.

"난 아무것도 아니에요, 아버지! 난 아무것도 아니에요. 그걸 이해할 수 없어요?"

성공 신화 속 아버지의 가짜 꿈을 벗어던지려는 아들의 절규 앞에서, 윌리는 고통스러워한다. 결국 윌리는 한때의 영광을 곱씹으며 조용히 무대 밖으로 퇴장한다. 장례식장에서 그의 오랜 친구 찰리는 이렇게 말한다.

"이 사람을 비난할 자는 아무도 없어. 세일즈맨은 꿈꾸는 사람이거든. 그게 필요조건이야."[22]

찰리의 이 말은 단지 윌리 로먼 한 사람만을 위한 위로가 아니다. 오늘도 자기 존재를 증명하기 위해, 외적 성과를 쌓

---

22 173쪽, 민음사

기 위해 치열한 경쟁 속에서 달려가는 이 시대의 수많은 사람들에게도 해당되는 말이다. 윌리는 무능하거나 게으른 사람이 아니었다. 누구보다 성실했고, 간절하게 성공을 원했던 사람이다. 그러나 사회가 요구하는 기준에 자신을 맞추려 애쓰다 끝내 자신을 잃어버리고 만다. 그는 실패한 인생이 아니라, 너무 오래, 너무 열심히 꿈을 좇다 지쳐버린 사람이었다. 바로 그 점에서 윌리의 이야기는 우리의 삶과 닮았다.

《세일즈맨의 죽음》이 지금까지도 독자들의 마음을 울리는 이유가 여기에 있다. 이 작품은 단순한 '한 남자의 몰락' 이야기가 아니라, '당신은 무엇을 위해 달려왔는가?'라는 질문을 독자에게 던진다. 《남아 있는 나날》의 스티븐스처럼, 윌리 로먼 역시 성실과 책임이라는 미덕 뒤에 감정을 묻고, 사회가 요구하는 역할에 자신을 맞추며 살아왔다. 그러나 삶의 끝자락에서 그들이 마주한 것은 화려한 성공이 아니라, 공허한 물음표였다.

'나는 누구의 꿈을 품고 살아왔는가? 그것은 정말 내가 원한 삶이었는가?'

어쩌면 깨어 있는 삶이란, 그런 질문을 미리 스스로에게 던지고 답할 수 있는 용기에서 비롯되는 것 아닐지 싶다. 오늘도 우리는 자신을 팔며 살아간다. 그러나 자기 자신을 잃지 않기 위해, 어디로 가고 있는지를 잊지 않기 위해, 스스로를 다독인다. 《세일즈맨의 죽음》은 이제는 삶의 무대를 '성과'가 아닌 '의미'로 다시 세워야 할 때라고 말해 주는 듯하다.

입찰 PT를 앞두고 잠 못 이루던 밤들, 무대 위에서 떨리는 마음으로 발표하던 순간들, 그 모든 시간이 이제 와 돌아보면 나의 치열한 '세일즈맨의 시간'이었다. 그 시간을 지나며 나는 내 안의 윌리 로먼을 마주했는지도 모른다. 외적인 성공을 좇다 지쳐가던 그의 그림자를 내 안에서도 발견했기에, 그의 마지막이 더 안타깝게 다가왔다. 이제 나의 무대는 달라졌다. 성과의 조명을 받는 자리가 아니라, 삶의 방향을 묻는 자리로 옮겨왔다. 더 이상 누군가의 기대나 타인의 기준에 맞춘 삶이 아니라, 내가 진심으로 살아내고 싶은 삶의 무대를 스스로 만들어가야 할 때다. 중년은 '진짜 나'로 살아갈 용기를 꿈꾸기에 가장 좋은 시기다. 지금, 나는 그 무대를 준비 중이다.

'안 하는 편'을
택하겠습니다

– 허먼 멜빌 《필경사 바틀비》

회사에 고용된 직장인이 상사의 업무 지시를 받았는데, "저는 안 하는 편을 택하겠습니다."라고 답한다면 어떤 일이 벌어질까? 업무를 지시한 상사는 물론, 그 말을 들은 주변 동료들조차 귀를 의심할 것이다. 특히 한국 사회처럼 상명하복 문화가 여전히 지배적인 조직에서는 더욱 상상하기 어려운 일이다. 대부분의 직장인은 상사의 지시가 부당하다고 느껴도, 또 속으로는 하기 싫더라도 조직에서 살아남기 위해 묵묵히 지시를 따른다. 그게 싫으면 사직서를 내고 회사를 떠나는 것이 통상적이다. 그런데 여기, 상사의 지시에 당

당히 "안 하는 편을 택하겠습니다."라고 말하는 인물이 등장하는 고전 소설이 있다. 바로 허먼 멜빌(1819~1891)의 《필경사 바틀비》다.

'필경사'란 타자기나 컴퓨터가 보급되기 전, 손 글씨로 공문서나 법률 문서를 필사하던 직업을 말한다. 뉴욕 월스트리트의 한 법률사무소에 채용된 바틀비는 처음에는 놀라운 분량의 문서를 묵묵히 필사한다. 변호사는 드디어 유능한 직원을 뽑았다며 만족해한다. 하지만 입사한 지 사흘째 되던 날, 변호사가 바틀비를 불러 타인의 문서를 함께 검토하자고 요청하자, 그는 조용히, 그러나 단호하게 말한다.

"안 하는 편을 택하겠습니다."[23]

이 얼마나 당혹스러운 대답인가. 책 모임에서 한 분은 이 장면을 처음 읽고, 바틀비가 자신의 업무 범위를 벗어난 지시를 거절한 것으로 생각해 오히려 통쾌했다고 말했다. 남의 눈치를 보지 않고 할 말을 하는, 마치 MZ 세대를 연상시

---

23 29쪽, 문학동네

켰다는 것이다. 하지만 바틀비는 이후에도 변호사의 거의 모든 요청을 같은 말로 거절한다. 단순히 과외 업무라서가 아니라, 어떤 일이든 일관되게 "그렇게 하지 않는 편을 택하겠습니다."라고 말한다. 일을 하지 않겠다면 회사를 떠나라는 권유에도, 사무실에서 나가 달라는 요청에도 똑같은 말로 응수한다. 이쯤 되면 단호함을 넘어, 거의 '버티기'에 가깝다. 변호사도, 동료 직원들도, 심지어 독자들조차 혼란스러워진다. 바틀비는 왜 그런 선택을 하는지 자세한 설명도 하지 않는다. 다만 한쪽 눈이 나빠졌다는 말이 전부다. 변호사가 온갖 방식으로 호의를 베풀며 설득하려 해도 그는 미동조차 하지 않는다. 결국 변호사는 바틀비만 남겨둔 채, 다른 직원들과 함께 사무실을 옮기는 선택을 한다.

현실에서는 일어나기 힘든 이 상황은 필경사라는 반복적이고 기계적인 노동을 수행하는 인물을 통해, 인간이 얼마나 획일화된 노동에 갇혀 있는지를 보여준다. 바틀비는 처음엔 누구보다 성실한 일꾼이었지만, 시력을 잃고, 의지마저 소진된 채 '하지 않음'을 선택한다. 어쩌면 그의 말은 단순한 거절이 아니라, 자기 존재를 지키기 위한 마지막 저항이었는지도 모른다. 직원들이 떠난 텅 빈 사무실에 홀로 남은 바틀비는 결국 건물주의 신고로 구치소에 수용된다. 그곳에서 그는 식사조차 '하지 않는 편을 택한 채' 조용히 생을 마감한다. 그의 삶을 유추할 수 있는 단서는 단 하나, 그가 과거에 근무하다 해고된 곳에서, 주소 불명·수취인 불명의 편지와 소포를 다루는 '사서(死書)' 업무를 해 왔다는 사실뿐이다. 불행한 사람들의 사연을 오래 접하는 업무가 그의 영혼에도 깊은 상처를 남겼을 것이라는 추측이 가능하다. 인간 소외와 기계적 반복 노동이 인간에게서 '살아야 할 이유'마저 앗아갈 수 있음을 조용히 고발한다.

《필경사 바틀비》는 허먼 멜빌이 《모비 딕》의 참담한 실패 이후, 극심한 생활고에 시달리며 쓴 작품이다. 그래서인지 바틀비의 고집과 침묵, 그리고 그를 바라보는 변호사의 복잡한 심경 속에 작가 멜빌 자신의 고통이 느껴진다. 바틀비를 보며 프란츠 카프카의 《변신》, 한강의 《채식주의자》 속 영혜, 성석제의 《투명인간》이 자연스럽게 떠올랐다. 이들 모두는 사회가 요구하는 정상성과 순응을 거부하거나 벗어난 존재들이다. 아니 오히려 너무 열심히 따르다가 소진된 사람들이다. 그들은 조용한 방식으로 저항하거나 점점 말수를 줄여 자신을 지워가는 인물들이다. 타인과의 관계 속에서 고립되어 가는 이들은 끝내 사회적 연결을 끊고 침묵 속으로 사라진다. 그들의 선택 혹은 마지막 모습은 우리에게 안타까움으로 다가온다.

오늘을 살아가는 수많은 소시민도 때로는 하기 싫은 일을 묵묵히 감내하며 속으로는 '안 하는 편을 택하고 싶다.'라는 말을 되뇔지 모른다. 그럴 때 바틀비는 우리 내면 깊숙이 움츠리고 있는 '하지 않음'의 욕망을 대신 말해 주는 인물이다. 《필경사 바틀비》는 단지 기이한 한 남자의 이야기로 머물지 않는다. 그것은 효율과 속도가 지배하는 자본주의 사회에서, 기계처럼 일하기를 거부한 한 인간의 조용한 선택이자, 우리 모두의 내면에 숨어 있는 침묵의 저항이다. 멜빌은 바틀비를 통해 '하지 않음'조차 의미 있는 행위가 될 수 있다는 가능성을 보여준다. 이 작품이 1853년에 발표되었음에도 여전히 유효한 이유는 우리 각자가 마음속에 바틀비 한 사람쯤은 품고 있기 때문일 것이다.

끊임없이
모래를 퍼내는
인생

– 아베 코보 《모래의 여자》

초등학교 3학년부터 중학교 3학년 초까지 6년 정도를 나는 항구 도시 부산에서 살았다. 그 덕분에 바다를 무척 좋아한다. 그 시절 학교에서는 해운대에서 종종 사생대회를 했고, 태종대로 백일장 행사를 떠나기도 했다. 광안리 해수욕장은 여름마다 가족들과 즐겨 찾던 추억의 장소였다. 삼 남매가 백사장에서 모래성을 쌓고, 모래 위에 누워 얼굴만 내밀고 온몸을 덮는 놀이를 즐겼다. 그렇게 내게 모래는 언제나 친근하고 부드러운 이미지였다. 그런 모래의 감촉이 전혀 다르게, 아주 기괴하게 다가오는 소설이 한 편 있다. 바로 일본 작가 아베 코보(1924~1993)가 1962년에 발표한 《모래의 여자》다. 이 소설을 처음 읽었을 때, 나는 모래의 숨겨진 무서운 이면을 들여다본 것처럼 깜짝 놀랐다. 모래가 갑자기 삶을 집어삼키는 덫이 될 수도 있다는 사실에 모래의 두 얼굴을 마주한 듯했다.

프란츠 카프카에게 영향을 받아 '일본의 카프카'라고 불리는 아베 코보가 쓴 《모래의 여자》는 그야말로 초현실적인 기묘한 이야기다. 우연히 모래 구덩이 집에 갇혀 자유를 빼앗긴 남자는 부조리한 상황에 점차 길들고, 결국 탈출보다는 순응을 택하게 된다. 인간 소외와 정체성의 상실, 무력한 현대인의 고독이 모래처럼 스며드는 소설이다. 사라질 듯, 부서질 듯, 그러나 끝내 빠져나올 수 없는 모래의 세계는 한 인간의 삶과 의식을 집요하게 파고든다. 현실과 악몽의 경계에서 인간 존재의 부조리함과 자유의 본질을 꿰뚫는 듯한 심리 실험극이다.

"벌이 없으면 도망치는 재미도 없다."[24]

---

24 7쪽, 민음사

'벌' '도망' '재미'. 처음 등장하는 문장과 단어부터 불길한 기운이 감돈다. 뭔가 빠져나올 수 없을 것 같은 게임의 세계가 기다리고 있을 것 같다. 책장을 넘기는 동안, 모래 먼지가 호흡기를 타고 깊숙이 내려앉는 듯한 답답함이 따라붙는다.

주인공 니키 준페이는 중학교 교사로, 곤충채집이 유일한 취미다. 단조롭고 의미 없는 일상을 벗어나기 위해, 그는 학교에 휴가를 내고 희귀 곤충을 채집하러 모래 마을로 향한다. 그에게는 비밀스러운 바람이 하나 있다. 새로운 곤충 종을 발견해 자신의 이름을 곤충도감에 남기고 싶다는 허영심이다. 여행 첫날, 날이 저물자 그는 마을 사람들의 안내로 어느 모래 구덩이 속 집에서 하룻밤을 보내게 된다. 하지만 다음 날 아침, 밖으로 나갈 수 있는 사다리가 치워졌고, 자신이 사구 속 모래 구덩이에 갇히게 되었다는 사실을 깨닫게 된다. 그 집에 살고 있던 여인과 함께 갇힌 그곳에서 그는 벗어나지 못한 채 살아가게 된다. 곤충을 채집하려다 자신이 채집되어 버린 것이다. 탈출을 시도하지만, 번번이 모래에 발목을 잡힌다. 여자는 이미 체념한 얼굴이다. 수없이 도망치다 돌아온 그녀는 말한다.

"정말이지, 끔찍하도록 걸었어요… 이곳에 올 때까지… 애를 안고, 오래오래… 이제, 걷는 데는 지쳤어요…"[25]

그들은 이제 살아남기 위해 계속 모래를 퍼내야 한다. 매일 흘러내리는 모래를 퍼내야만 물을 배급받을 수 있고, 집이 무너지지 않는다. 이 부조리한 노동은 끝이 없다. 그러나 남자는 시간이 지날수록 점차 그곳 생활에 익숙해지고, 마침내 물을 끌어 올리는 '유수 장치'까지 만들게 된다. 생존을 위협하는 수단인 '물'을 이제는 자신이 만들어낼 수도 있다는 사실이 그를 흥분시킨다. 때마침 도망칠 기회가 생겨 자유가 눈앞에 있음에도, 그는 머물기로 결심한다.

"딱히 서둘러 도망칠 필요는 없다… 지금, 그의 손에 쥐어져 있는 왕복표는 목적지도 돌아갈 곳도, 본인이 마음대로 써넣을 수 있는 공백이다. 그리고 그의 마음은 유수 장치에 대해 누군가에게 말하고 싶은 욕망으로

---

[25] 87쪽, 민음사

터질 듯하다. …도주 수단은, 그다음 날 생각해도 무방하다."[26]

    진짜 감옥은 모래가 아니라, 인간 내면에 스며든 습관, 체념, 그리고 작은 허영심일지도 모른다. 익숙함은 억압보다 더 무섭기에, 주인공은 결국 탈출할 수 있었음에도 구덩이에 남기로 결정한다. 퍼내도 퍼내도 쌓이는 모래, 탈출을 시도할수록 깊어지는 구덩이 속에서 그는 점차 '갇힌 삶'을 '살아갈 삶'으로 받아들이기 시작한다. 탈출과 체념을 반복하던 그의 하루는 뫼비우스의 띠처럼 순환한다. 안과 밖, 자유와 억압의 경계는 점차 사라지고, 바깥세상 또한 다르지 않다는 자각 속에서 그는 그곳에 안착한다. 무의미했던 반복 노동은 어느새 삶의 리듬이 되고, 억압은 삶의 구조로 전환된다. 모래 마을 안과 밖이 뒤엉킨 세계에서, 그는 인간의 부조리한 삶을 껴안기로 결심한다. 《모래의 여자》는 모래 구덩이 같은 일상의 반복 속에서 어떻게 의미를 발견해 나갈 것인지, 그 선택의 순간을 정면으로 마주하게 한다.

---

26 227쪽, 민음사

이 대목에서 나는 영화 《쇼생크 탈출》 속 장기 복역수 브룩스를 떠올렸다. 브룩스는 수십 년을 감옥에서 보낸 끝에 가석방되어 자유의 몸이 되지만, 바깥세상에 적응하지 못하고 스스로 생을 마감한다. 감옥은 분명 억압의 공간이었지만, 동시에 그를 지탱해 준 유일한 질서이기도 했다. 익숙함은 억압보다 더 무서울 수 있다는 점에서, 브룩스와 《모래의 여자》의 남자는 닮은 듯 보인다. 그러나 둘의 길은 정반대로 갈라진다.

브룩스는 수동적으로 주어진 자유 앞에서 정체성을 잃고 무너졌다면, 《모래의 여자》의 남자는 능동적으로 감금된 삶을 수용하며 새로운 질서를 만들어간다. 탈출과 체념을 반복하던 그는 어느 순간 그 공간을 떠날 수 있었지만, 스스로 남기를 택한다. 바깥세상이 반드시 더 자유롭지 않다는 자각, 반복 속에서 리듬을 발견하는 인간의 특성, 그것이 그를 머무르게 한다. 브룩스가 물리적 해방 속에서 정신적으로 갇힌 인물이라면, 《모래의 여자》의 남자는 억압의 공간 안에서 오히려 정신적 자유에 가까워진다. 진정한 자유는 외적 조건이 아니라, 삶을 어떻게 수용하고 재구성하느냐의 문제임을 이 두 인물은 극명하게 보여준다.

《모래의 여자》는 읽다 보면 숨이 막힐 듯 답답해지면서도, 인간의 소외와 끝없이 반복되는 노동의 굴레를 절묘하게 그려내고 있다는 점에서 무릎을 치게 한다. 이 소설이 남기는 가장 깊은 인상은, 단순한 비극이나 체념이 아니다. 인간은 어떤 조건 속에서도 의미를 찾아내는 존재라는 사실이다. 우리가 매일 되풀이하는 일상, 무의미해 보이는 일과 관계 속에서도, 삶은 여전히 재해석될 수 있고 다시 써 내려갈 수 있다. 《모래의 여자》는 서늘하고 서글픈 모래의 감촉을 남기며 조용히 되묻는다. 당신은 지금, 어디에 갇혀 있는가. 그리고 그 안에서 어떤 삶의 의미를 퍼 올리고 있는가. 당신은 당신만의 '유수 장치'를 찾았는가.

어릴 적 나는 해수욕장 파라솔 밑 모래 속에 몸을 파묻고, 세상의 시름 따위는 아예 존재하지 않는 듯 마음껏 웃곤 했다. 그 시절의 모래는 따뜻하고 부드러웠고, 잠시 몸을 숨기기에 충분한 안식처였다. 하지만 이제는 같은 모래라도, 맞닥뜨리는 삶의 맥락에 따라 언제든 우리를 조용히 잠식하고 위협할 수 있다는 사실을 아는 나이가 되었다. 인생을 살아낸다는 건, 결국 반복되는 일상에서 자신만의 의미를 발견뎌 가는 일이라는 생각이 든다. 《모래의 여자》 속 그 남자처럼, 나 역시 내 앞에 쌓인 하루를 조금씩 퍼내며 살아간다. 모래는 계속 흘러내리고, 그 속에서 삶은 천천히 새로운 모양을 만들어간다.

화려하지 않은, 그러나 단단한 삶

- 존 윌리엄스 《스토너》

흔히 파란만장한 삶을 산 사람을 가리켜, 우리는 "인생이 드라마틱하다." "소설 속 주인공 같다."라는 말을 한다. 그만큼 드라마나 소설 속 인물에게 독자들이 기대하는 것은 '특별함'이다. 현실이 비루할수록 소설 속에서만큼은 주인공이 고난을 통해 각성하고 변화하는 서사를 보고 싶어 한다. 그래야 대리만족을 얻을 수 있다. 그런데 존 윌리엄스(1922~1994)의 소설 《스토너》의 주인공은 그런 기대를 저버린다. 스토너의 인생은 익히 봐 온 당당한 주인공의 모습과는 사뭇 다르다. 그는 자신의 삶에서 벌어지는 불행에 저항하거나 결단하거나 행동하지 않고 그저 감내할 뿐이다. 그 모든 것을 숙명처럼 수긍하고 받아들인다. 보고 있자면 답답하고 안타깝다.

그래서일까? 존 윌리엄스의 소설 《스토너》는 1965년 처음 출간되었을 당시에는 그다지 주목받지 못했다. 그러다가 50년이 지난 2006년부터 유럽을 시작으로 역주행 바람이 불기 시작해 전 세계적으로 베스트셀러 돌풍을 일으켰다. 소설을 읽다 보면 그 이유를 짐작할 수 있다. 성공 지상주의로 정신없이 달려가던 1960~1970년대 산업화 시대에는 도무지 먹히지 않았을 캐릭터가 바로 소설 속 주인공 '윌리엄 스토너'이기 때문이다. 그런데 작가는 이런 주인공을 가리켜 '진짜 영웅'이라 생각한다고 인터뷰에서 밝혔다. 독자에 따라서는 선뜻 동의하기 어려울 수 있다.

"나는 그가 진짜 영웅이라고 생각합니다. 이 소설을 읽은 많은 사람들이 스토너의 삶을 슬프고 불행한 것으로 봅니다. 하지만 내가 보기에 그의 삶은 아주 훌륭한 것이었습니다. 그가 대부분의 사람들보다 나은 삶을 살았던 것은 분명합니다. 자신이 하고 싶은 일을 하면서 그 일에 어느 정도 애정을 갖고 있었고, 그 일에 의미가 있다는 생각도 했으니까요."[27]

《스토너》로 진행한 책 모임에서도 반응은 크게 엇갈렸다. "저는 《스토너》에 대한 극찬이 조금 이해가 되지 않았어요. 자신을 제외한 그 누구의 인생에 대해서도 책임지려 하지 않는 이기적인 모습으로 보였는데, 어떻게 그를 좋게 받아들일 수 있는지 공감하기 어려웠습니다."라는 소감을 밝힌 분이 있었는가 하면, 또 다른 이는 "온갖 삶의 불행 앞에서도 묵묵히 참아내는 그가 마치 나와 내 주변 사람처럼 느껴졌어요. 정말 오랜만에 마음 깊이 울림이 남는 소설이었습니다."라는 감동을 내비친 분도 있었다. 독자의 연령, 경험, 가치관에 따라 《스토너》에 대한 평가가 전혀 다른 결로 다가올 수 있음을 알 수 있었다.

《스토너》는 주인공 윌리엄 스토너의 일생을 시간순으로 따라가며 전개된다. 가난한 농부의 아들로 태어나 어렵게

27　395쪽, RHK

미주리대 농과대학에 입학했으나, 부모의 기대와 달리 우연히 듣게 된 영문학 수업에서 큰 영향을 받고 문학도의 길을 걷게 된다. 이후 대학에서 교편을 잡고 평생을 교수로 살아가지만, 그의 삶은 그리 평탄하지 않았다. 결혼생활은 불행했고, 아내의 방해로 딸과의 관계는 멀어졌으며, 직장에서는 고립되고 갈등에 휘말린다. 뒤늦게 찾아온 사랑조차 끝내 지켜내지 못한다. 외형적으로만 본다면 그의 삶은 실패와 좌절의 연속처럼 보인다.

> "한 달도 안 돼서 그는 이 결혼이 실패작임을 깨달았다. 그리고 1년도 안 돼서 결혼생활이 나아질 것이라는 희망을 버렸다. 그는 침묵을 배웠으며, 자신의 사랑을 고집하지 않았다."[28]

답답한 상황에 대해 거부하고 결단하는 대신 그저 체념하고 수용한다. 그의 인생을 보고 있노라면 고구마 백 개는 먹은 듯한 느낌이 든다. 하지만 그런 스토너도 유일하게 뜻

---

28 105쪽, RHK

을 굽히지 않고 관철했던 것이 있다. 바로 교육자로서의 소신과 문학을 향한 열정이었다. 가르치는 일과 연구하는 일, 두 가지에서만큼은 생의 마지막 순간까지 자신의 방식대로 지키고자 했다. 그로 인해 동료 교수 사회에서 따돌림을 당하고, 한직으로 밀려나기도 하지만, 그가 유일하게 포기하지 않았던 마지막 보루 같은 것이었다.

인생을 살아가는 방식을 놓고, "이렇게 살아야 한다. 저렇게 살아야 한다." 여러 말들이 난무한다. 타인의 인생을 이런저런 잣대로 평가하기도 한다. 그런 평가와 시선에 길들다 보면 어느새 내 인생을 내 기준으로 살지 못하게 된다. 남들의 시선에 맞춰 사느라 나를 잃어버린다. 그런 의미에서 본다면, 분명 스토너는 남들이 뭐라고 하든 자신의 인생을 자신의 방식대로 살았다고 볼 수 있다.

암투병 끝에 죽음을 앞둔 스토너가 지나온 인생을 돌아보며 스스로에게 세 번이나 같은 질문을 던지는 모습은 그래서 의미심장하다. 그의 인생이 가슴 먹먹하게 다가오며 눈물이 핑 돈다. 커다란 성취도, 단란한 가족도, 불같은 사랑도 쟁취하지 못했지만, 그는 나름 자기만의 원칙을 지키며 살았다. 그가 생의 마지막 순간에 조용히 돌아보는 자신의 인생은 그래서 실패작이 아니었을지도 모른다. 인생을 통틀어 지키고자 하는 그 무엇이 단 하나라도 확실하게 있었던 인생이 어디 흔하던가.

그는 스스로에게 묻는다.

"넌 무엇을 기대했나?"[29]

한 번 묻고, 한 번 생각하고, 다시 한번 묻고 또 생각한다.

질문이 거듭될수록 마음속 불순물은 걸러지고, 삶의 본질에 한 걸음씩 다가간다. 거창한 성공도, 눈부신 순간도 없었지만, 아주 조용한 진심 하나가 그의 마음에 자리 잡는다. 과거의 실패라 여겼던 일들이 이제는 그리 중요하지 않다는 사실을 그는 안다. 자신의 마지막 인생 앞에서는 어떤 판단도 가벼워진다. 스토너는 손을 뻗어 자신이 썼던 손때 묻은 빨간 표지의 책을 꺼내 든다. 자신의 문학적 열정과 가르치는 자로서의 소명이 오롯이 담겨 있는 책이다. 말없이 책

---

29 388쪽, RHK

을 쥔 손끝에 힘을 싣는다. 그 책 속에 그의 삶이 담겨 있다. 화려하지는 않았지만, 그는 자신이 진심으로 좋아한 일을 끝까지 놓지 않았다. 얼굴에 희미한 미소와 함께 기쁨 같은 것이 스친다. 여름의 산들바람처럼, 그 기쁨이 말없이 지나간다.

"인생에서 넌 무엇을 기대했나?"

이 질문은 어쩌면 작가가 스토너의 입을 빌려 독자에게도 동일하게 던지는 질문일 수 있다. 모두가 성공하기 위해, 목표를 이루기 위해 아등바등 애쓰며 살아가지만, 결국 인생의 마지막 순간에는 모두가 이 질문에 정직하게 답해야 한다. 세상에 태어난 이상 '인생은 고통의 연속'일 수밖에 없음을 인정하고 받아들이는 스토너의 모습, 끝까지 소신을 지키고자 했던 분야에서만큼은 타협하지 않는 우직한 모습이 독자들의 마음에 깊은 여운을 남긴다.

하나라도 확실히 붙든 것이 있는 삶은, 이미 단단한 삶이다. 스토너가 스토너로 살았다면, 나는 나로서 어떻게 살아야 할까. 무엇을 포기하고, 무엇을 지켜야 할까. 소설의 마지막 페이지를 덮은 뒤에도 그 질문이 묵직하게 마음에 머문다.

천복을
따르는 자의
기쁨과 슬픔

– 앙투안 드 생텍쥐페리 《야간 비행》

―

"당신의 천복을 따르라!(Follow your bliss!)"

이 말을 처음 들은 건 마흔 초반 무렵, 인문학 워크숍에서였다. 조지프 캠벨(1904~1987)의 《신화의 힘》을 함께 읽으며 접한 '천복(天福)'이라는 단어는 단순한 행복이나 쾌락이 아닌, 내가 살아있다고 느끼는 바로 '그 일', 가장 나다운 순간에 깃드는 깊고 조용한 기쁨을 뜻한다고 했다. 남이 정해 놓은 길이 아니라, 소명의 부름에 따라 나아가는 삶, 진짜 꿈을 좇는 삶, 그것이 바로 '천복을 따르는 길'이라고 캠벨은 말했다. 그때는 '의미는 정말 좋지만, 과연 그렇게 사는 게 가능할까?' 반신반의했다. 하지만, 시간이 흐를수록 그 말의 중요성을 조금씩 깨닫게 되었다.

실제로 조지프 캠벨은 그런 삶을 살다간 인물이다. 안정된 학문적 경력을 뒤로하고 젊은 시절 유럽으로 떠나 고대 문헌과 철학 연구에 몰두했고, 귀국 후에는 뉴욕주 '우드스턱'의 작은 오두막에서 오랜 시간을 책과 씨름하며 사유와 성찰의 시간을 가졌다. 수입도, 미래도 보장되지 않았지만 그는 매일 도서관으로 향했고, 인류 공통의 신화 구조인 '영웅의 여정'을 발견했다.

"당신의 천복을 따르라. 그러면 예상하지 못한 문이, 예상하지 못한 곳에서 열릴 것이다."

그가 한 이 말은 자신의 삶을 가장 잘 요약하는 문장이 되었다.

진심으로 산을 좋아하는 등반가는 아무리 주변에서 말려도 높은 산에 오른다. 달리기를 통해 자신이 누구인지를 확인하는 마라토너 역시 상황과 관계없이 쉬지 않고 달린다. 항해가 좋아 배를 타는 사람도 마찬가지다. 육지에 있으면 오히려 불편하고 불안하다고 한다. 그림을 그리지 않고는 살 수 없는 사람은 언젠가는 붓을 들게 되어 있다. 비행기 조종을 좋아하는 사람에게는 하늘을 나는 것이 자신의 존재를 확인하는 길이다. 그렇게 가장 나다운 길을 가는 것이 '천복'을 따르는 일일 것이다.

《어린 왕자》의 작가로 익숙한 프랑스 작가 앙투안 드 생텍쥐페리 역시, 자신의 천복이었던 비행기 조종과 글쓰기를 끝까지 붙들었던 인물이다. 그의 자전적 경험을 바탕으로 쓴 소설 《야간 비행》에는 자신의 분신과도 같은 조종사 파비앵이 등장한다. 아르헨티나 민간 항공 우편기 조종사인 파비앵은 누구보다 하늘과 별, 비행을 사랑했다. 바람을 가르고 별빛을 따라 하늘을 나는 순간이야말로 자신이 살아있음을 온몸으로 느낄 수 있었다.

하지만 없던 길도 새로 만들며, 자신의 '천복'을 따라 산 사람들의 삶이 증명하듯이, 소명을 따르는 길이 언제나 평탄한 것만은 아니다. 오히려 더 위험하고 더 고단할 수 있다. 생텍쥐페리도, 파비앵도 마찬가지였다. 어느 날, 파비앵은 야간비행 도중 악천후를 만나 무선이 끊기고, 연료는 점점 바닥나며, 기항지를 찾지 못한 채 칠흑 같은 어둠 속을 표류하게 된다. 마지막을 예감한 그는 오로지 별빛에 의지해 비행 방향을 구름 위로 튼다. 그의 여정은 결국 죽음으로 끝나지만, 그는 자신이 사랑한 세계 속에서, 마지막까지 의연함을 잃지 않았다. 그 순간을 묘사한 작가의 문장은 한 편의 시처럼 아름답다.

"별들이 길잡이가 되어 준 덕분에 그는 돌풍을 잘 피하면서 올라갔다. 별들의 약한 자성이 그를 이끌었다. 그는 너무 오랫동안 빛을 찾아 헤맸기 때문에 아무리 희미한 빛이라 해도 놓치고 싶지 않았다. 여인숙의 불빛 하나만으로 부자가 된 기분이 들 정도로 빛에 굶주렸기에, 이 신호 주변에서 죽을 때까지 맴돌아도 좋다고 생각했다. 그래서 이제 그는 빛의 세계를 향해 올라가고 있었다."[30]

우리는 종종 타인의 길을 따라 걷느라 자신의 길을 잃어버린다. 남들이 좋다고 말한 길 위에서 헤매다가 우울감에 빠지기도 한다. 나 역시 오랫동안 회사에 다니며, 몸에 맞지

---

30 95쪽, 문학동네

않는 옷을 입은 듯 부자연스러운 나날을 견뎌야 했다. 회사를 그만두고 나서야, 나의 잃어버린 '천복'을 다시 찾기 위해 길을 나섰다. 그때 내가 향한 곳은 도서관이었다. 그곳에서 나는 책을 읽고, 글을 쓰고, 사람들과 함께 토론하며 생각을 나누었다. 명함도 없고, 소속감도 없었지만, 이전보다 훨씬 충만한 시간이었다. 도서관이 나만의 '우드스턱 오두막'이라고 선포하고 위안을 삼았다. 그리고 비로소 알게 되었다. 내가 진심으로 살아있다고 느끼는 순간은 '독서활동가'로 함께 읽고, 쓰고, 생각을 나누는 시간 속에 깃들어 있다는 것을. 어느 날, 천복이가 내게 다가와 조용히 속삭였다. "왜 이제야 날 찾았느냐."라고. 나는 쑥스러워하며 대답했다. "지금이라도 만났으니, 천만다행이지 않느냐."라고. 그러니 이제부터라도 함께 손잡고 기쁨과 슬픔을 나눠보자고.

그는 삶이 본래 무의미하다는 사실을 받아들이고,
그 무의미 속에서 자신의 태도를 선택하는 일이야말로
인간이 가질 수 있는 유일한 자유라고 말한다.
회피하지 않고, 변명하지 않으며,
자기 죽음마저 정직하게 응시한 사람.
뫼르소는 어쩌면, 부조리한 세계 속에서
가장 투명하게 살아낸 존재였는지도 모른다.

Part 5

완벽하지 않아도,
길은
계속된다

무 자르듯
둘로 가르는
이분법 사회

– 이탈로 칼비노 《반쪼가리 자작》

"그 사람 참 착해!" 혹은 "그 인간 참 못됐어!"

우리는 쉽게 타인에 대해 단정적인 평가를 내린다. 마치 그 사람을 훤히 꿰뚫고 있다는 듯이 말한다. 겪어봤기 때문에 누구보다 잘 안다고 자부한다. 하지만 과연 정말 그럴까? 한 사람을 '착하다' '나쁘다'로 금세 구분할 수 있을 만큼 타인을 보는 우리의 눈이 정확할까? 무엇보다 인간이라는 존재가 그렇게 무 자르듯이 분류될 만큼 단순한 존재일까? 당연히 그렇지 않다. '열 길 물속은 알아도 한 길 사람 속은 모른다'라는 옛말이 틀리지 않았다고 느끼는 순간이 온다. 평생 탐구해도 자기 자신을 잘 모르듯이, 타인을 잘 안다고 생각하는 것 역시 착각이자 오만일 수 있음을 알게 된다. 인간은 누구나 다층적이어서 한 면만 보고 단정적으로 평가하기 어렵다. 어떨 때는 선한 면이 두드러지는가 하면, 또 어떨 때는 이기적이고 악한 본성이 여과 없이 드러나기도 한다. 요즘은 소설과 드라마에도 히어로와 빌런의 경계를 넘나드는 복합적인 인물들이 많이 등장하고 있지 않은가. 그런 캐릭터가 훨씬 현실적이고 설득력이 있다.

그렇다면 우리가 만나는 사람이 어떤 사람인지 알고 싶다면 어떻게 해야 할까? 만약 체지방이나 골밀도를 측정하는 기계처럼 사람의 성품을 스캔할 수 있는 첨단 장비가 있다면 어떨지 상상해 본다. 그 기계를 통과하는 순간 이 사람이 몇 %의 착함과 몇 %의 악함으로 이루어졌는지를 수치로 보여준다면 사람들의 반응이 어떨지 궁금하다. 아마도 검사를 받기 위해 기계 앞에 선 사람들의 다리가 후들후들 떨릴지도 모르겠다. 인간은 누구나 선과 악의 경계선상에서 불완전할 수밖에 없는 존재이다. 그런 불완전함 자체가 인간의 본질이자 한계임을 알게 해 주는 고전 소설 한 편이 있다. 바로 보르헤스, 가르시아 마르케스와 함께 현대 문학의

3대 거장으로 불리는 작가 이탈로 칼비노(1923~1985)의 대표작 《반쪼가리 자작》이다.

환상문학의 대가로 불리는 칼비노의 작품답게 《반쪼가리 자작》은 마치 한 편의 동화를 보는 듯하다. 주인공 메다르도 자작은 투르크와의 전쟁에 경험도 없이 호기롭게 나섰다가 대포의 포탄을 정면으로 맞아 몸의 절반이 날아가 버린다. 사실주의 문학이라면 그 자리에서 즉사해야 마땅한 상황이지만, 환상 문학인지라 그는 반쪽만 남은 몸으로도 멀쩡히 살아남는다. 의사들은 흥분하며 메다르도 자작의 몸을 이리저리 봉합했고, 결국 그는 완전히 반쪽만 남은 몸으로 귀향한다.

그런데 자기 영지로 돌아온 반쪼가리 자작은 안타깝게도 예전의 메다르도 자작이 아니었다. '악한' 부분만 남은 반쪽이었다. 그는 자신이 마주치는 동·식물을 닥치는 대로 반쪽을 냈고, 영내에서 가벼운 죄를 저지른 사람에게도 가차 없이 사형선고를 한다. 사람들은 '악한' 성품만 가득한 반쪼가리 자작으로 인해 공포에 떤다. 모름지기 사람이란 적당히 양면성이 있어서 착한 듯싶다가도 어느 순간 이기적인 모습으로 돌변하기도 하고, 천하의 악당 같은 인간도 가끔은 한없이 순한 면모를 띄기도 한다. 그런데 어쩐 일인지 돌아온 메다르도 자작은 오로지 악한 행동에만 골몰한다. 천하의 빌런이 되어버린 것이다.

그러다가 어느 날 또 한 명의 메다르도 자작이 나타난다. 이번에는 대포에 날아가 버린 나머지 다른 반쪽이 돌아온 것이다. 그는 성안에 있는 메다르도 자작과는 정반대로 마을 사람들에게 무조건적인 선행을 베푼다. 긍휼과 자비, 도덕적이고 윤리적인 행동으로 불쌍한 사람들을 돕는다. 마을 사람들은 그 둘을 각각 '악한 반쪽'과 '착한 반쪽'이라고 부른다. 지킬 박사와 하이드나 두 얼굴의 사나이처럼 메다르도 자작은 두 쪽으로 나뉘어 마을 사람들을 헷갈리게 한다. 처음에는 사람들이 '착한 반쪽'에만 열광할 것 같았지만, 시간이 지나면서 그의 결벽증에 가까운 선함에 다들 불편함을 느낀다. 우여곡절 끝에 '착한 반쪽'과 '악한 반쪽'은 다시 결합하게 되고, '온전한 자작'으로 돌아오게 되어 일견 해피엔딩으로 끝나는 동화처럼 보이지만, "세상이 아주 복잡해져서 자작 혼자서는 이상적 사회를 구현하기 어렵다."라는 말로 결론이 난다. 이탈로 칼비노는 《반쪼가리 자작》을 통해 혼란스러운 현대 사회에서 온전한 모습으로 살아가기 힘든 인간의 실존적 고통과 외로움을 표현하고자 했다고 밝힌다.

소설을 읽다 보면, 두 명의 반쪼가리 자작이 각자 자신의 기준과 잣대로 타인을 멋대로 판단했듯이 우리 역시 왜곡된 관점과 시선으로 타인과 사회를 평가하고 있는 것은 아닌지 자문하게 된다. 자신은 성한 사람이라는 오만함으로 타인의 고통과 상처를 제대로 보지 못하는 오류를 범하지 않는지도 살피게 된다. 불완전한 세상에서 불완전한 인간으로 살아가지만, 최대한 균형을 잃지 않으면서 온전함을 추구하는 것, 그것이 우리의 과제가 아닌가 싶다. 착한 반쪼가리 자작이 사랑하는 여인 파멜라에게 한 고백이 결국 작가가 이 환상적인 이야기를 통해 말하고자 했던 주제라는 생각이 든다.

"아, 파멜라. 이건 반쪽짜리 인간의 선이야. 세상 모든 사람들과 사물을 이해하기란 어려운 일이야. 사람이든 사물이든 각각 그들 나름대로 불완전하기 때문이지. 내가 성한 사람이었을 때 난 그것을 이해하지 못했기 때문에 귀머거리처럼 움직였고 도처에 흩어진 고통과

상처들을 느낄 수 없었어.[31]

 《반쪼가리 자작》이 인간의 몸을 대포알로 쪼갠 초현실적인 환상 문학이었다면, 도서관 독서 동아리 회원들과 함께 읽은 뇌과학 책 한 권은 우리 인간의 뇌 구조를 과학적으로 쪼개서 살펴보게 했다. 바로 질 볼트 테일러(1959~)가 쓴 《나를 알고 싶을 때 뇌과학을 공부합니다》(2022, 월북) 라는 책이었다. 뇌과학자였던 테일러는 1996년 37세의 젊은 나이에 갑작스러운 뇌졸중을 겪으며 뇌 기능이 하나둘 무너지는 과정을 몸소 관찰하게 된다. 그날의 상황을 회상하며 "내 좌뇌가 마침내 완전히 정지한 무렵 나는 우뇌의 평화로운 의식 속을 떠다녔다. 잠시나마 내 우뇌는 그 순간 단독으로 존재했으며, 과거의 후회도 현재의 공포도 미래의 기대도 없었다."라고 말한다.

 그는 훗날 자신이 뇌졸중에서 회복되는 동안에도 "의식적으로 우뇌 우세를 '선택'했다."라고 이야기한다. 특이한 경험을 통해 남은 인생은 어떤 뇌에 더 비중을 둘지를 스스로

---

31 84쪽, 민음사

선택할 수 있음을 깨달았다. 사람의 뇌가 각각의 기능이 다른 좌뇌와 우뇌로 나뉘어져 있고, 좌뇌의 기능이 정지했을 때, 우뇌의 평화로운 의식 속을 떠다녔다고 하는 표현이 신선한 충격으로 다가왔다. 《반쪼가리 자작》처럼 물리적으로 몸을 나눌 수는 없지만, 사람의 뇌가 좌뇌 사고형, 좌뇌 감정형, 우뇌 감정형, 우뇌 사고형처럼 네 가지 영역으로 나뉘어 있음을 평상시에 인지하고, 각각의 두뇌를 조화롭게 쓰기 위해 수시로 '두뇌회담'을 개최하라는 저자의 설명이 인상적이었다. 네 가지 뇌의 영역은 심리학자 칼 융이 말하는 페르소나, 그림자, 아니마/아니무스, 트루 셀프(진정한 자기)와도 연결되는 지점이라 흥미로웠다.

《반쪼가리 자작》은 물론 《나를 알고 싶을 때 뇌과학을 공부합니다》 역시 진정한 온전함이란 완벽함을 의미하지 않음을 말해준다. 오히려 자신 안의 결핍과 모순을 인정하고, 균형을 향해 걸어가려는 태도 속에서 진짜 인간다움이 피어난다는 사실을 일깨워 주는 책들이었다. 불완전한 세상에서 불완전한 존재로 살아가며, 자신의 연약함을 보완하기 위해 애쓰는 일. 어쩌면 그것이야말로 우리가 지향해야 할 가장 현실적인 온전함일지도 모르겠다.

부조리한 세계를
정직하게
사는 법

– 알베르 카뮈 《이방인》

  고전문학 속 인물 중에는 종종 독자의 마음을 불편하게 만드는 이들이 있다. 감정에 무심하고, 사회적 규범을 따르지 않으며, 세상의 기대와는 전혀 다른 방향으로 나아가는 그들의 모습은 아무리 이해해 보려 애써도 낯설고 당혹스럽다. 나에게는 알베르 카뮈(1913~1960)의 《이방인》 속 뫼르소가 바로 그런 인물이었다. 스무 살 무렵, 처음 이 책을 집어 들었을 땐 도무지 마음이 가지 않았다. 카뮈의 문장도, 뫼르소의 태도도 낯설고 불경스럽기까지 했다. 중간까지 읽다가 덮어버린 기억이 있다. 그때 나는 세상의 다른 사람들과

마찬가지로 인간은 어머니의 죽음 앞에서 마땅히 울어야 하고, 사랑에는 진심으로 답해야 하며, 죄를 지었다면 참회해야 한다고 굳게 믿었다. 《이방인》은 그런 내 믿음에 도발적으로 돌을 던지는 소설이었다.

세월이 흘러 중년이 된 지금, 책 모임을 통해 다시 만난 뫼르소는 조금 다른 얼굴로 다가왔다. 세상의 시선과 기대에 굴복하지 않고, 자신의 감정에 정직하려 했던 모습이 보이기 시작했다. 무심한 얼굴 속에 숨겨진 투명함이 느껴졌다. 어머니가 양로원에서 친구들과 함께 평온하게 지냈고, 삶을 온전히 누리다 떠났다는 사실을 알기에, 그 누구도 어머니의 죽음을 함부로 슬퍼할 권리는 없다고 생각하는 뫼르소의 이야기가 무슨 의미인지 어렴풋이 이해할 수 있을 것 같았다.

"오늘 엄마가 죽었다. 아니 어쩌면 어제."[32]

알베르 카뮈는 충격적인 첫 문장으로 독자를 낯선 세계

---

[32] 9쪽, 민음사

로 이끈다. 주인공 뫼르소는 양로원으로부터 어머니의 사망 소식을 전보로 받고도 별다른 감정의 동요를 보이지 않는다. 일하고 있는 회사 측에 경조 휴가를 내야 한다는 사실을 알리자, 사장은 내심 불편해한다. 주말까지 껴서 내리 나흘을 쉬는 것에 대해 좋아하지 않는 눈치다. 그런 사장에게 뫼르소는 "그건 제 탓이 아닙니다."라고 말한다. 어머니의 죽음을 마치 제삼자의 부고처럼 대한다. 어머니의 죽음에 대해 슬픔을 느끼기보다는 장례식 참석을 위해 가야 하는 양로원이 얼마나 먼지, 다녀오려면 시간이 얼마나 걸릴지를 담담하게 가늠해 보는 뫼르소는 양로원에 도착해서도 양로원 원장이 고인의 시신을 보겠느냐고 물었을 때, 거절한다. 장례식 기간 중 보여준 그의 무심한 태도는 훗날 우발적 살인에 연루되어 재판을 받을 때 불리한 정황으로 작용한다. 장례식장에서 전혀 울지 않았다는 점, 어머니의 생일이나 나이를 제대로 기억하지 못했다는 사실, 관을 앞에 두고 담배를 피우거나 밀크커피를 마셨다는 점, 장례식이 끝나고 돌아온 다음 날 여자 친구와 해수욕을 즐기고 코미디 영화를 보고 사랑을 나누었다는 사실이 '살인죄'보다 더 부도덕하고 패륜적인 인물로 그를 부각한다.

사회 통념이 요구하는 변명이나 사죄가 없었기에 그는 철저하게 '이방인' 취급을 받으며 재판에서 결국 사형선고를 받는다. 주인공 뫼르소의 무신경한 태도나 애매하고 기이한 사고방식은 사실 독자들로서는 공감하기 어려운 지점이다. 카뮈는 왜 이런 논란의 여지가 있는 캐릭터를 주인공으로 설정했을까. 작가는 이 세상에서 벌어지는 온갖 사건사고와 자연재해들이 그저 이유 없이 벌어진다고 보았다. 인간의 선하고 악함과는 상관없이 어느 날 죽음이 불현듯 닥쳐오는 것처럼 뫼르소의 살인도, 그가 처하게 되는 삶 자체도 대체로 부조리하다고 보았다. 이는 어쩌면 작가가 레지스탕스로 참전하면서 목격한 세계 대전의 참상이 작품 구상에 영향을 미쳤을 것이다.

카뮈는 부조리를 "삶의 의미를 갈망하는 인간과, 의미를 주지 않는 세계 사이의 충돌"이라 정의했다. 뫼르소는 그 충돌을 애써 봉합하지 않는다. 그는 삶이 본래 무의미하다는 사실을 받아들이고, 그 무의미 속에서 자신의 태도를 선택하는 일이야말로 인간이 가질 수 있는 유일한 자유라고 말한다. 회피하지 않고, 변명하지 않으며, 자기 죽음마저 정직하게 응시한 사람. 뫼르소는 어쩌면, 부조리한 세계 속에서 가장 투명하게 살아낸 존재였는지도 모른다.

법정은 그의 죄보다 그의 태도를 문제 삼는다. 왜 어머니의 장례식에서 울지 않았는가. 왜 장례식 직후에 여자 친구와 코미디 영화를 봤는가. 이처럼 세상은 사회적 기준과 통념이라는 잣대로 뫼르소를 재단하고 비판한다. 재판정에서 뫼르소는 적극적으로 자기 변론을 하지 않았고 그들 또한 뫼르소의 이야기를 이해하려고 하지 않았다. 범행 동기를 물을 때 앞뒤 정황을 자세하게 설명하지 않고 "모두가 태양 탓이다."라고 뫼르소가 대답하자, 공분과 비웃음을 사며 결국 사형이 언도된다. 독방에서 형의 집행을 기다리는 뫼르소는 사제가 권유하는 속죄의 기도도 거절하고 자기는 과거에나 현재에나 행복하다고 느끼며 죽음을 받아들인다.

삶에 의미가 없다고 해서 반드시 불행해야 하는 것은 아니다. 뫼르소는 사형을 기다리며 "지금도 행복하다."라고 말한다. 그리고 이렇게 덧붙인다.

"모든 것이 완성되도록, 내가 외로움을 덜 느낄 수 있도록, 나에게 남은 소원은 다만, 내가 처형되는 날 많은 구경꾼이 모여들어 증오의 함성으로 나를 맞아 주었으면 하는 것

뿐이다."

《이방인》은 확실히 읽고 나면 질문이 많아지는 소설이다. 독자는 스스로 자신의 불편한 지점을 돌아보게 된다. 1942년 처음 발표된 이래 지금까지도 전 세계적으로 읽히고 있는 이 작품은, 부조리한 세상에 던져진 인간이 겪는 실존적 소외감을 날카롭게 포착하고 있다. 이해받지 못하는 이방인으로 살아가는 불안과 고통이 섬세한 문체와 충격적인 전개 속에 고스란히 담겨 있는 낯설고 독특한 소설이다. 젊은 날에는 그 이질감과 불편함을 온전히 소화해 내지 못했지만, 중년이 되어 다시 만난 《이방인》은 예전보다 덜 낯설게 느껴졌다. 그것이 나이에 따른 인식의 변화 때문인지, 다양한 책 모임을 통해 고정관념을 내려놓는 법을 배운 덕분인지는 잘 모르겠다. 다만 분명한 건, 그런 변화가 반가웠다는 사실이다. 그렇게 고전은, 다시 읽을 때마다 그 시절의 나를 다시 마주하게 하는 투명한 창이 된다.

가짜 뉴스가
만든
진짜 비극

– 하인리히 뵐 《카타리나 블룸의 잃어버린 명예》

　노벨문학상 수상 작가인 독일의 소설가 하인리히 뵐(1917~1985)이 1975년에 발표한 소설 《카타리나 블룸의 잃어버린 명예》는 대중을 오도하는 가짜 뉴스가 개인의 삶을 얼마나 처참하게 무너뜨릴 수 있는지를 잘 보여주는 작품이다. 50년 전 독일 소설임에도 불구하고 오늘날 대한민국의 현실에서도 전혀 낯설지 않은 내용이다. 소설은 27세 젊은 여성, 카타리나 블룸이 타블로이드 《차이퉁》지의 기자를 자신의 아파트에서 권총으로 쏜 뒤, 경찰에 자수하는 상황에서 시작된다. 누구보다 근검절약하며 성실하게 자신의

삶을 꾸려왔던 평범한 여성 카타리나가 어쩌다가 살인까지 저지르는 상황이 벌어졌을까?

모든 것은 우연히 벌어졌다. 카타리나는 수요일 밤 댄스파티에서 처음 만난 남자 괴텐 루트비히와 사랑에 빠진다. 파티가 끝난 후 두 사람은 함께 카타리나의 아파트로 돌아와 밤을 보낸다. 다음 날 아침 경찰이 카타리나의 아파트를 급습하지만 이미 루트비히는 사라지고 없었다. 그는 은행 강도와 살인죄 혐의로 경찰에 수배 중인 남자였다. 루트비히의 도주를 도운 공범 혐의로 카타리나는 자신의 아파트에서 경찰서로 가게 된다. 수갑을 차진 않았지만, 30여 명의 이웃 주민들이 지켜보는 가운데 수많은 카메라 세례를 받는다. 부끄럽고 당혹스러워 얼굴을 가리려 했으나, 비닐봉지와 부딪히면서 머리가 헝클어지고 표정이 일그러졌다. 그런 그녀의 모습이 고스란히 사진에 찍힌다. 그 사진은 다음 날 《차이퉁》의 1면 머리기사와 함께 실린다. 자극적인 제목과 함께.

아직 경찰 조사를 받기 전이고 혐의가 드러나지도 않은 상태인데 이미 신문은 '공범'과 '내연녀' 등의 용어를 써 가면서 범죄 연루를 기정사실로 한다. 왠지 우리에게도 익숙한 장면이다. 유명 연예인이라는 이유로, 사회적 관심이 집중되는 사건이라는 이유로, 피의자를 포토 라인 앞에 세워 쉴 새 없이 터지는 카메라 플래시 세례를 받게 하지 않았던가. 아직 조사가 끝나지 않은 사건의 경과가 어쩐 일인지 황색 언론에 실시간으로 흘러 들어가던 모습이 묘하게 오버랩된다.

경찰 심문이 진행되는 동안 카타리나 블룸은 조서에 담길 표현을 놓고 경찰과 팽팽한 신경전을 벌이며 이견을 보인다. 그녀는 모든 표현을 일일이 검토했고, 조서에 기록된 문장을 하나하나 큰 소리로 읽어 달라고 요청한다. 특히 카타리나는 "신사들이 다정하게 대했다"는 표현에 몹시 분개하면서, "치근거림 대신, 다정함이라고 쓰여 있는 조서에는 절대 서명할 수 없다"고 이야기한다. 지금까지 카타리나가 여러 남자의 치근거림에도 불구하고 자기 삶을 얼마나 반듯하고 성실하게 지켜왔는지를 알 수 있게 하는 대목이다.

그에 비해 황색 언론《차이퉁》이 카타리나에 대해 보도하는 방식은 그야말로 충격적이다. 카타리나 주변인들과의 인터뷰를 입맛대로 모두 왜곡한다. 카타리나가 가정 관리사로 일하고 있는 집의 고용주인 블로르나가 기자에게 "카타리나는 영리하고 이성적"이라고 한 표현이 '얼음처럼 차고 계산적'이라는 말로 뒤바뀌고, '범죄성'에 대해 일반적인 견해를 밝힌 말이 "그녀가 확실히 범죄를 저지를 수 있다"라는 말로 조작된다. 카타리나가 경찰 심문을 받는 이틀 동안 《차이퉁》은 그녀의 과거 사생활을 파헤치고, 주변 인물들과의 인터뷰 내용을 악의적으로 과장, 왜곡하고, '가짜뉴스'로 날조한다. 대중의 호기심을 자극하는 자극적 기사들을 무차별적으로 쏟아낸다.

대중의 '알 권리'와 개인의 '명예'가 충돌한다면 어느 쪽의 손을 들어주어야 할까? 죄를 지었으니, 혹은 빌미를 제공했으니 마땅히 대가를 치르는 것이 맞다고 여길지도 모른다. 하지만 아직 범죄 사실이 명백하게 입증되기도 전이라면 어떨까? 언론에 쏟아져 나오는 자극적 보도나 과도한 사생활 파헤치기는 명백한 인격 살인이다. 멀쩡했던 한 사람의 인생을 순식간에 '나락'으로 떨어지게 만든다.

카타리나는 경찰 조사를 받고 나오면서 이틀 치의 《차이퉁》을 읽어 보고 경악한다. 어떻게 심문할 때 거론된 세세한 사항을 《차이퉁》이 알게 되었는지, 게다가 어떻게 하나같이 왜곡되고 오도된 진술로 알게 되었는지 도무지 이해가 가지 않는다. 이에 대해 담당 검사는 "괴텐 사건에 대한 사회적 관심이 지대한 터라 언론의 보도가 있을 수밖에 없다"라는 점을 강조하며 그녀가 '시대사적인 인물'이 되었으며 이로써 당연히 관심을 가질 권리가 있는 여론의 관심 대상이 되었다고 이야기한다.

《차이퉁》에서 연일 카타리나에 관한 악의적 기사를 쏟아내자, 그녀의 아파트에는 익명의 항의 전화와 비난 우편물이 폭주한다. 우편물의 대부분은 '음탕한 섹스 광고'였고, '공산주의자들의 암퇘지'라는 의미의 욕설이었다. 1975년에 발표한 소설이기에 익명의 전화와 음란 우편물로 괴롭히는 모습이지만, 오늘날로 치면 온갖 악성 댓글과 문자 폭탄 테러 등으로 '마녀사냥'을 하는 모습이 그대로 연상되는 장면이다.

가짜 뉴스를 아무렇지도 않게 써 내려가면서 카타리나의 명예를 짓밟은 《차이퉁》지의 기자 퇴트게스를 그녀는 권총의 방아쇠를 당겨 살해한다. 이 작품의 부제 "폭력은 어떻게 발생하고 어떤 결과를 가져올 수 있는가?"의 의미를 생생하게 보여준다. 불우한 가정환경을 딛고 누구보다 성실하게 자신의 인생을 설계해 나갔던 카타리나를 살인자로 내몬 불합리한 현실이 비단 1975년 이 작품이 발표될 당시의 상황이기만 할까? 여러모로 생각거리를 던지는 소설이 아닐 수 없다.

하인리히 뵐은 이 소설을 통해 황색 언론의 책임을 묻는다. 언어의 타락이 어떻게 인간을 억압하고 훼손하는지를 작품 속에서 뚜렷이 보여준다. 언어는 사람을 살릴 수도, 죽일 수도 있는 도구이며, 문학은 그 언어의 책임을 되묻는 공간이다. 뵐은 "사람이 살 만한 나라에서, 사람이 살 만한 언어를 찾는 일"이 전후 독일 문학의 과제라고 말했다. 카타리나 블룸의 이야기는 바로 그 소명의 결실이다.

지금, 이 순간에도 우리는 누군가의 이름이 자극적인 머리기사 아래 소비되고, 확인되지 않은 가짜 정보가 손가락질로 이어지는 광경을 보고 있다. 댓글 하나가, 기사 한 줄이, 짧은 영상 하나가 누군가의 삶을 파괴할 수 있다는 사실을 우리는 너무 자주 잊는다. 《카타리나 블룸의 잃어버린 명예》는 단지 과거의 이야기가 아니다. 그것은 오늘, 우리가 어떤 언어를 쓰고, 어떤 시선을 공유하며, 어떤 책임을 지고 있는지에 대한 문학적 증언이다. 그래서 이 소설은 가짜 뉴스가 난무하는 지금, 우리가 꼭 읽어야 할 고전이다. 우리는 언론의 자유를 말하기에 앞서, 언어의 책임부터 묻는 법을 배워야 한다. 그것이 인간의 존엄을 지키는 첫걸음이기 때문이다.

우리가 꿈꾸는 리더,
우리가 꿈꾸는
세상

– 윌리엄 골딩 《파리대왕》

사회생활을 하다 보면 참 많은 사람을 만난다. 한결같이 좋은 사람도 있고, 자신의 유불리에 따라 태도가 돌변하는 사람도 있다. 그러다 보니 한 사람에 대한 평가는 그 사람을 어떤 환경에서, 어떤 관계로 만나느냐에 따라 확연히 달라질 수 있다. 가령 친목 동호회에서 만났다면 개성 있고, 화끈한 사람으로 통했을 사람도 '일로 만난 사이'로 엮이다 보면 독단적이고 강압적인 모습에 기피하고 싶은 사람이 되기도 한다.

물론 사람은 처한 환경과 상황에 따라 얼마든지 변할 수 있다. 어쩌면 그건 살아남기 위한 본능일지도 모른다. 특히 위기 상황이 닥치면 그 변화는 더 과감하고 드라마틱해진다. 의리를 지키려는 마음과 강한 권력 쪽에 의존하려는 욕망이 충돌한다. 예의와 민낯이 대립하고, 문명과 야만이 경계선상에서 춤을 추듯 넘나든다. 그것을 누가 얼마나 잘 제어하느냐에 따라 삶의 결이 달라질 것이다. 고전문학 중에 인간이 지닌 이런 양면성을 깊이 파고든 작품이 있다. 바로 1983년 노벨문학상을 받은 윌리엄 골딩(1911~1993)의 《파리대왕》이다.

1954년에 처음 발표된 《파리대왕》의 배경은 무인도다. 핵전쟁의 위협이 드리워진 어느 시점, 영국 소년들을 태우고 가던 비행기가 무인도에 불시착한다. 비행기에 타고 있던 어른들은 다 죽고 오로지 소년들만이 살아남았다. 문명의 중심국이라 자부하던 영국 출신 아이들답게 표류 초기에는 민주적 절차에 따라 리더를 뽑는다. 이성적이고 합리적 성향의 '랄프'를 리더로 뽑고, 랄프의 지시에 따라 '봉화'를 올리고 비바람을 막아줄 거처를 마련하면서 구조를 기다린다. 하지만 구조될 기미가 보이질 않고 점점 시간이 지나자,

아이들은 불안해진다. 자신 역시 대장이 되고 싶었던 '잭'은 랄프의 지시를 어기고 사냥을 통해 고기를 먹게 해주겠다며 아이들을 선동한다. '봉화' 불을 소홀히 하는 바람에 지나가는 비행기에 구조신호를 못 보내게 되자 랄프와 잭 사이의 갈등은 고조된다. 그러는 사이 섬에서 정체불명의 '괴물'을 봤다는 소문이 돌고 아이들은 공포에 사로잡힌다.

역사적으로 궁핍과 혼돈의 시대에는 강력한 카리스마형 독재자가 득세한다. 대중의 불안과 공포가 그런 리더를 용인한다. 아이들은 이성적으로 대처하자는 '랄프'보다는 거칠게 힘을 과시하는 '잭' 주위로 몰려간다.

"리더는 강해야 해. 강하지 않으면 리더가 될 수 없어."

두려움에 휩싸인 아이들은 외친다. 랄프는 문명을, 잭은 야만을 상징한다. 공포는 대중의 판단을 흐리게 한다. 잭과 그 일당은 사냥한 암퇘지 머리를 막대기에 꽂아 괴물에게 바치는 제의와 함께 광기에 가까운 축제를 벌인다. 어두운 밤 축제에 도취한 아이들은 불빛 사이로 달려오는 다른 아이를 괴물로 오인해 죽여 버린다. 무인도는 점점 살기와 광기, 대립과 증오의 섬으로 바뀌고, 랄프 주변에는 어린아이들 몇 명만 남는다.

무인도라는 설정과 서바이벌 게임 같은 《파리대왕》의 상황은 험난한 현실 세계의 축소판이다. 사람들은 가짜 뉴스에 흔들리고 공포에 짓눌린다. 상식과 절차는 무시되고 목소리 큰 사람이 이기는 듯 보인다. 야만이 득세하는 세상에서 이성적 목소리는 점점 설 자리를 잃기도 한다. 하지만 야만을 선택한 결과는 파국이다. 서로 죽고 죽이는 아수라장이 벌어진다. 아이들만 살아남은 무인도였지만, 아이들은 어른들의 추한 행태를 그대로 모방한다. 무인도라는 공간에서 벌어지는 모습은 문명의 취약성과 인간의 나약함을 상징적으로 보여준다. 섬을 불 지르며 아이들이 야만으로 치닫다가 때마침 화재를 보고 도착한 해군함정에 의해 극적으로 구조되자 쫓던 아이들도 쫓기던 아이도 동시에 울음을 터뜨린다. 일견 현명한 어른들에 의해 상황이 종료되고 평화가 찾아온 것 같지만, 그들을 구해준 어른들 역시 바깥에서는 여전히 전쟁 중인 군인들이라는 점은 아이러니하다.

《파리대왕》은 제2차 세계대전이 끝난 이후인 1954년에 출간되었지만, 그때보다 지금은 얼마나 문명 세계가 되었을까? 선뜻 자신 있게 대답하기 어려워진다. 경제적으로는 풍

요로워졌다 해도, 마음은 더욱 혼란스러워진 세상이다. 가짜 뉴스가 범람하고 미혹과 중독의 유혹이 사람들을 손짓한다. 여전히 자연재해와 전쟁 소식이 끊기질 않는다. 이처럼 위태로운 세상에서 인간다움과 선함을 유지하기란 얼마나 어려운 일인가. 환경에 지배받지 않고 스스로 중심을 잡아가는 일은 생각보다 쉽지 않다. 무인도의 아이들이 겪은 듯한 위기 앞에 휩쓸리지 않고 매 순간 올바른 선택을 하려면 자신의 마음을 단단히 살피고, 주변을 돌아보아야 한다. 깨어 있는 마음, 알아차리는 마음, 그 평정심이 꼭 필요한 세상이다. 공동체의 운명을 좌우하는 선택의 순간은 생각보다 자주 온다. 불을 지키는 사람을 선택할 것인가, 불을 지르는 사람을 따를 것인가. 야만에 물들지 않고 문명을 지켜내는 사람들이 늘어날 때 혼돈의 무인도에서 빠져나와 우리가 꿈꾸는 리더와 함께 우리가 꿈꾸던 세상을 만들어갈 수 있을 것이다.

집념과 집착, 그 아슬아슬한 경계

– 허먼 멜빌 《모비 딕》

고전문학을 좋아해 많은 책을 읽어왔지만, 《모비 딕》만큼 작가의 깊은 통찰과 탁월한 문장에 매료된 작품도 드물었다. 총 135장에 이르는 방대한 분량 속에 허먼 멜빌은 세상 어디에서도 보지 못한 참신한 비유와 유머, 백과사전 같은 지식을 숨 가쁘게 쏟아냈다. 어린 시절 줄거리 위주로 가볍게 넘겼던 청소년용 요약본과는 비교할 수 없는 밀도였다. 인문학 책 모임을 통해 다섯 주에 걸쳐 허먼 멜빌(1819~1891)의 《모비 딕》원작을 함께 읽었다. 매일 정해진 분량을 읽고 발췌하고 생각을 정리하다 보니, 이 책이 멜빌

생전에는 외면받았다는 사실이 새삼 안타깝게 다가왔다.

"나를 이슈미얼로 불러달라."[33]

문학사에 길이 남을 유명한 첫 문장으로 시작된 이 이야기는, 주인공 이슈미얼이 고래잡이배, 피쿼드호에 승선하며 펼쳐지는 항해의 기록이다. 선장 에이허브는 흰고래 '모비 딕'에게 한쪽 다리를 잃은 뒤, 그에 대한 복수심에 사로잡혀 있다. 피쿼드호에는 각기 다른 배경과 사연을 지닌 선원들이 탑승하고, 이들은 항해 도중 점차 에이허브의 광기에 휘말려 들어간다.

"웅장한 책을 쓰려면 반드시 웅장한 주제를 택해야 한다. 벼룩에 대한 책으로는 불후의 명작을 쓸 수 없다."[34]

---

33 35쪽, 문학동네
34 696쪽, 문학동네

멜빌이 이슈미얼의 입을 빌어 한 이 말의 의미가 《모비 딕》 전편에 고스란히 드러난다. 그는 고래를 단지 하나의 동물로 그리지 않는다. 고래에 얽힌 신화와 종교, 과학과 문학을 자유롭게 넘나들며, 그것을 인간 존재와 운명의 상징으로까지 끌어 올린다. 때로는 고래의 물기둥, 분수공, 고래 먹이, 고래 종류, 포경 방식, 작살 던지기, 고래기름 정유 작업, 고래 해체와 장례식까지 지나치게 상세한 고래 설명에 당혹스럽기도 했지만, 어느 순간부터는 그 이야기 속에 스며들기 시작한다. 함께 읽기를 같이 한 독자가 "이 책은 고래 덕후가 되거나, 읽기를 포기하거나 둘 중 하나다."라고 말했는데, 나는 다행히 전자 쪽에 가까웠다.

에이헤브가 모비 딕을 향해 작살을 던지는 행위는 단순한 복수를 넘어선다. 그것은 인간 내면의 광기와 분노, 존재를 입증하려는 의지의 표출이다. 처음에는 강한 목적의식, 즉 집념처럼 보이지만, 어느 순간 그 경계가 무너진다. 감정을 제어하지 못하고 파국을 향해 달려가는 모습은 집착으로 변해 버린다. 그리고 그 집착은 피쿼드호와 선원 전체를 바닷속으로 끌고 간다.

> "어떤 사람은 썰물 때 죽고, 어떤 사람은 물의 수위가 낮을 때 죽고, 어떤 사람은 물이 가득 차올랐을 때 죽지. 스타벅, 나는 지금 파도의 가장 높은 물마루에 올라선 심정이네. 나는 늙었어. 자, 나랑 악수하세."[35]

에이해브 선장이 일등 항해사 스타벅에게 마지막으로 건넨 이 말에는, 되돌릴 수 없는 선택 앞에서 느끼는 인간의 고독과 체념이 담겨 있다. 책을 다 읽고 난 뒤, 한동안 먹먹했다. 모두가 죽고, 이슈미얼만이 살아남는 이 비극적인 이야기 속에서 멜빌이 끝내 말하고 싶었던 것이 무엇인지 오래도록 생각하게 되었다. 고래와의 사투는 자연에 도전하는 인간의 만용일 수도, 제어할 수 없는 욕망과 광기의 끝일 수도 있다. 하지만 멜빌은 어느 한쪽에 가둬두지 않는다. 그는 오히려 그 모호함 속에서 삶의 진실을 포착한다. 모비 딕이 상징하는 것이 무엇인지에 대해서도 확정적인 답은 없다. 자연의 절대성, 인간 내면의 심연, 이해할 수 없는 진리, 혹은 죽음의 상징, 그 어떤 해석도 가능하다. 멜빌은 말한다.

---

[35] 868쪽, 문학동네

> 《모비 딕》의 주제와 의미는 바다를 노니는 고래들처럼 거대하고도 자유롭다. 어디서 무엇을 읽어내든 그것은 독자의 자유다. 아니, 바로 이것이야말로 거대하고 자유로운 주제가 지닌 미덕, 모든 것을 확대하는 엄청난 미덕이다! 우리는 그 주제의 크기만큼이나 확장된다.[36]

이 책을 덮은 뒤, 나는 멜빌이 "내게 콘도르의 깃으로 만든 펜을 다오! 내게 베수비오산의 분화구를 잉크통으로 다오!"[37]라고 외치던 심정이 이해되었다. 비운의 생을 살다 떠났지만, 멜빌은 고래처럼 웅장한 작품으로 결국 시대를 건너 살아남았다. 《모비 딕》은 내게 다시 읽을 날을 조용히 기다리게 만드는, 깊고도 단단한 고전이다. 바다 한가운데를 외롭게 항해하던 피쿼드호의 모습과 저마다의 사연으로 모였던 선원들의 모습이 지금도 아득하게 떠오르는 그런 책이다.

---

36 696쪽, 문학동네

37 696쪽, 문학동네

고작
외투 하나를
잃었을 뿐인데

- 니콜라이 고골 《외투》

몇 년 전 회사 일로 유럽 출장을 갔을 때였다. 일주일간 머물렀던 소도시에는 이탈리아 유명 의류 브랜드의 본사가 있었다. 때마침 겨울 정기 세일과 본사 특별 행사 주간이 맞물렸던 터라 그 브랜드의 겨울 모직 코트를 아주 저렴한 가격에 구매할 수 있었다. 국내 백화점에서라면 상상도 못 할 파격적인 가격이었다. 명성에 걸맞게 모직 롱코트는 가벼우면서도 따뜻했다. 물론 기분 탓이었겠지만, 코트를 입으면 은근한 품격까지 느껴지는 듯했다. 마음에 드는 모직 코트 한 벌로 출장의 피로가 한순간에 사그라졌던 기억이 난다.

안 그런 척했지만 나 역시 겉으로 드러나는 치장에 자유로울 수 없는 속물근성이 있음을 느끼게 된 계기였다. 이처럼 옷차림은 우리에게 자신감을 주기도 하고, 때로는 주눅이 들게도 한다. 날씨가 추워지고 사람들이 옷장에서 하나둘 겨울 외투를 꺼내 입기 시작하면, 나 역시 드라이해 두었던 그 겨울 코트를 꺼내면서 '외투'와 연관된 고전 소설 한 편을 떠올린다. 바로 러시아의 작가, 니콜라이 고골(1809~1852)이 1842년에 발표한 단편소설 《외투》이다.

도스토옙스키가 "러시아의 작가는 모두 고골의 《외투》에서 나왔다."라고 언급했을 만큼 문학사적으로도 의미 있는 작품이다. 단편소설 하나가 180년도 더 지난 오늘날에도 여전히 강렬한 인상을 주는 이유는 무엇일까? 그것은 아마도 주인공 '아까끼 아까끼예비치'가 강추위가 기승을 부리는 뻬쩨르부르크에서 겨울 외투와 관련해서 겪은 일이, 비단 19세기 러시아 사회에만 국한된 이야기가 아닌 21세기를 살아가는 오늘날에도 여전히 계속되는 소시민의 애환과 비애를 다루고 있기 때문일 것이다.

평생을 검약하게 살았고, 외투가 떨어질 때마다 수선해

서 입었던 말단 하급 관리였던 아까끼는 이제 외투가 너무 낡아서 더 이상 '수선 불가'라는 이야기를 재봉사에게 들은 뒤 중대 결심을 한다. 몇 달 치 월급과 상여금을 다 끌어모아 새 외투를 장만하기로 한 것이다. 어렵게 큰마음을 먹기까지의 과정, 새 외투가 만들어지는 동안 무료했던 그의 삶에 생기가 도는 모습, 그리고 외투가 완성되면 새 외투를 입고 출근할 자신의 모습을 상상하는 그의 들뜬 마음은 사실 아까끼만의 모습이 아닌 평범한 우리네 소시민의 모습과 그대로 닮아 있다.

> 미래의 외투에 대한 끝없는 이상을 머릿속에 그려보며 정신적인 포만감을 얻을 수 있었다. 이때부터 그 자신의 존재는 보다 완전해진 것 같았고, 마치 결혼한 것 같기도 하였고, 다른 사람과 함께 있는 것 같았으며, 혼자가 아니라 일생을 함께하기로 한 마음에 맞는 유쾌한 삶의 동반자를 만난 것 같았다. 그 동반자란 다름이 아니라 두꺼운 솜과 해지지 않는 튼튼한 안감을 댄 외투였던 것이다. 그는 웬일인지 생기가 돌았고 이제 스스로 목표를 정한 사람처럼 성격이 보다 강인해졌다. 그

의 얼굴과 행동에서 보이던 불안과 우유부단함이, 언제나 망설이기만 하던 불확실한 특징이 이제 사라졌다.[38]

아까끼가 새 외투를 입고 출근한 첫날, 평상시에 그를 무시하고 투명인간 취급했던 동료들이 새 외투를 칭찬하고 추켜세우는 모습은 사람을 외형으로만 판단하는 세태를 꼬집는다. 새 외투 덕분에 우쭐해진 아까끼는 그날 저녁 동료가 주최하는 파티 초대에도 응한다. 평소의 아까끼라면 가지 않았을 파티였지만, 그는 외투의 힘을 빌려 용기를 낸다. 하지만 파티장을 나와 집으로 돌아오는 광장에서 강도를 만나 새 외투를 빼앗기고 만다. 외투를 다시 찾기 위해 아까끼는 백방으로 알아보고 고위 관리들을 찾아가지만 차갑게 질타만 받고 돌아온 뒤 병으로 앓아누워 결국 세상을 떠나고 만다. 이후 뻬쩨르부르크에는 밤마다 외투를 빼앗으려는 유령이 나타난다는 소문이 돈다.

'외투'는 상징적이다. 누군가에게는 새로 장만한 '마이카'일 수도 있고, 영끌해서 마련한 '내 집'일 수도 있으며, 내 자

---

38 72~73쪽, 민음사

식의 번듯한 '성공'일 수도 있고, 나의 '학위'일 수도 있겠다. 비루했던 자신을 보다 근사하게 포장해 줄 만한 외적인 장치들일 수 있다. 어쩌면 우리는 모두 아까끼의 새 외투와 같은 저마다의 '우상'을 안고 산다. 외투를 장만하고 세상을 다 얻은 듯 행복해하다가도 한순간 외투를 잃고 삶이 휘청거릴 정도로 절망한다. '외투'에 흔들리지 않을 단단한 내면과 내공 있는 삶을 원하지만, 물질만능주의가 팽배한 세상에서 나 홀로 마음을 지키는 일이 쉽지만은 않다. 고작 '외투' 하나 잃어버렸다고 시름시름 앓다가 생을 마감하는 아까끼가 한심하게 보일 수 있지만, 그 누구도 '나는 다르다'라고 장담할 수 없다. 의외로 우리의 삶을 무너뜨리는 것은 아주 작고 사소한 것일 수 있다. 그래서 삶은 참 아이러니하다.

일흔이 넘은 심덕출 어르신이 발레 슈즈를 신고,

마흔의 스트릭랜드가 파리로 떠나고,

모지스 할머니가 여든 넘은 나이에 화가의 꿈을 펼쳤듯,

우리들 각자에게도 서랍 속 깊이 감춰둔

꿈 하나쯤은 있을지 모른다.

Part 6

흔들림 속에서도
'나'로
살아가기

뜬금없이
내면의 북소리가
들려온다면

– 서머싯 몸 《달과 6펜스》

　도서관에서 우연히 발견한 웹툰 원작 만화책 《나빌레라》를 앉은 자리에서 다 읽었다. 드라마로도 제작된 이 작품의 주인공 심덕출은 우편 공무원으로 일하다가 정년퇴직한 70세 어르신이다. 그는 알츠하이머병 초기 진단을 받고 난 뒤, 또 친한 친구가 병으로 세상을 떠나는 것을 보고 난 뒤, 어린 시절부터 마음속에 고이 품었던 발레리나의 꿈에 도전하기 위해 무작정 교습소를 찾아간다. 자신에게 주어진 인생의 시간이 그리 길지 않을 수 있다는 생각에 용기를 낸다. 하지만 발레를 배우겠다는 이야기에 그의 아내는 물론 큰

아들이 거세게 반대하고, 나머지 가족들도 우려 섞인 시선을 보낸다. 겉으로는 연세가 있는데 무리하게 관절을 쓰다가 건강을 해칠까 염려된다는 이유였지만, 속내는 나이 든 노인이 민망한 타이츠 입고 '발레' 한다는 사실에 대한 창피함과 편견 때문이다. 은퇴자의 취미활동으로 수영, 등산, 게이트볼, 에어로빅처럼 건전하고 건강에도 도움 되는 것들이 많은데 왜 하필 '발레'냐고 반대한다. 나 역시 '70세에 발레는 무리가 아닐까'라는 생각이 들었다. 그렇다면 몇 세 정도에 어떤 도전이면 무탈하고 무방해 보이는 것일까?

서머싯 몸(1874~1965)의 소설 《달과 6펜스》의 주인공 찰스 스트릭랜드는 마흔 살에 증권 중개인이라는 안정된 직업을 버리고 화가가 되기 위해 홀연히 파리로 떠난다. 지금까지는 가족을 먹여 살리느라 할 만큼 했으니, 이제부터는 아내와 자식들이 각자 알아서 살아야 한다는 말을 남기고, 아무런 미련 없이 관계를 끊어버린다. 만약 내 남편이 그런 통보를 하고 집을 나가버린다면, 나는 과연 어떤 심정일까? 혹은 내가 내 꿈을 이루기 위해 가족 곁을 떠나겠다고 말한다면, 가족들의 반응은 어떨까? 아마도 대부분은 무책임하고 이기적인 결정이라며 경악할 것이다. 스트릭랜드가 한창

나이인 마흔에 모든 것을 등지고 예술을 택한 인물이라면, 《나빌레라》의 심덕출은 그와는 정반대다. 그는 평생 가족을 위해 자신의 꿈을 접고 책임과 의무를 다해온 인물이며, 일흔이 넘은 지금도 가족과의 관계를 유지한 채 늦은 꿈에 도전하겠다고 말한다. 그럼에도 가족들은 그의 선택을 이해하지 못하고, 오히려 당혹스러워하며 반대한다. 그 도전 자체를 받아들이지 못하는 모습은, 우리 사회에 고정관념과 편견이 얼마나 깊게 자리하고 있는지 여실히 보여준다.

"인생은 짧고 예술은 길다. 기회는 순식간에 사라지고, 경험은 불확실하며, 판단은 어렵다."

고대 그리스 의사 히포크라테스의 이 경구는 의술에만 국한되지 않고, 예술가의 삶 전반에 깊은 울림을 준다. 찰스 스트릭랜드는 "인생은 짧고 예술은 길다."라는 이 문장의 의미를 누구보다 절실히 깨닫고, 그것을 실천하듯 살아간다. 가정도, 체면도, 인간관계도 미련 없이 내던진 그의 모습에서는, 유한한 인생을 무한한 예술로 연장하려는 의지가 읽힌다. 기회는 절대로 기다려주지 않고, 진실한 예술은 타협을 허용하지 않는다. 스트릭랜드는 실패할 수도 있다는 불확실성에도 주저하지 않았고, 예술을 향해 단호히 걸어갔다. 《나빌레라》의 심덕출 또한 자신의 남은 생이 그리 길지 않다는 자각 앞에서 삶의 우선순위를 다시 돌아보게 되었을 것이다. 그의 선택 역시, 짧은 인생 속에서 오랫동안 가슴에 묻어둔 꿈을 마침내 꺼내어 마주하려는 한 인간의 조용한 결단이었다.

"나는 그림을 그려야 한다지 않소. 그리지 않고서는 못 배기겠단 말이요. 물에 빠진 사람에게 헤엄을 잘 치고 못 치고가 문제겠소? 우선 헤어 나오는 게 중요하지. 그렇지 않으면 빠져 죽어요."[39]

그림에 대한 절박함이 결국 스트릭랜드로 하여금 결단하게 했을 것이다. '삶은 유한하다'라는 사실, 언젠가는 반드시 끝이 난다는 이 단순한 진실을 우리는 종종 잊고 산다. 인생이 얼마나 순식간에 지나가는지를 자각한다면, 정말 하고 싶은 게 무엇인지 끊임없이 물어야 마땅하고, 내면 깊은

---

39 69쪽, 민음사

곳에서 북소리처럼 울려오는 목소리에 귀를 기울여야 한다. 그러나 우리는 정신없이 바쁘게 돌아가는 일상에 갇혀 꿈을 유예하거나, 심지어 꿈이 무엇인지조차 모른 채 살아간다.

《달과 6펜스》의 스트릭랜드는 달랐다. 그는 증권 중개소에서 일하는 틈틈이 그림을 배우러 다녔다. 남들이 술을 마시고 유흥에 빠질 때, 그는 홀로 그림을 그리고 또 그렸다. 무엇을 하며 남은 생을 살아가야 할지, 자신만의 길을 찾기 위해 묵묵히 애썼고, 마침내 '이 길이다' 싶었을 때는 뒤도 돌아보지 않고 떠났다. 그 모습은 가족의 시선에서는 분명 무책임한 가장일 수 있다. 그러나 한 인간으로서 본다면 오랜 시간 치열하게 탐색하고 준비한 끝에 내린 결정이기에 그를 단순히 이기적인 사람이라고 단정할 수만은 없다.

《달과 6펜스》는 비록 스트릭랜드의 행보가 극단적으로 보일지라도, 독자에게 '다르게 살아보기'라는 화두를 과감히 던지는 작품이다. 꿈을 접은 채 현실에 안주한 이들에게, 마치 "계속 그렇게 살다 갈 작정입니까?"라고 묻는 듯하다. 그는 금전적 물질세계를 상징하는 '6펜스'를 포기하고, 예술과 창작의 세계를 의미하는 '달' 쪽으로 건너간 인물이다. 그 선택의 대가는 '고립'과 '불안정', '궁핍'과 '질병'이었지만, 그는 마음이 시키는 대로 자유롭게 살다 갔다.

'진짜 나'로 살아보고 싶다는 갈망은 누구에게나 있다. 하지만 그것을 실천에 옮기기란 쉽지 않다. 특히 우리나라처럼 청소년 시절, 자기 적성과 진로를 충분히 탐색할 여유도 없이 입시경쟁 속에 갇혀 살아야 하는 현실에서는 모든 고민이 후순위로 밀려난다. 그러다 보니 적당히 점수에 맞춰 '6펜스'를 좇아 진학하고, 직업 전선에 뛰어들었다가 뒤늦게 삶의 방향을 되돌아보며 방황하는 사람도 적지 않다. '달'에 대한 욕망과 동경을 애써 억누르다가, 어느 날 그 '달'이 사정없이 삶을 흔들어놓고 나서야, 비로소 자신의 진짜 꿈이 무엇이었는지를 떠올리는 이들도 많다.

먹고사는 현실에서 벗어나 예술을 향해 나아가고 싶은 마음은 어쩌면 인간의 보편적 욕망일지도 모른다. 일흔이 넘은 심덕출 어르신이 발레 슈즈를 신고, 마흔의 스트릭랜드가 파리로 떠나고, 모지스 할머니가 여든 넘은 나이에 화가의 꿈을 펼쳤듯, 우리들 각자에게도 서랍 속 깊이 감춰둔 꿈 하나쯤은 있을지 모른다. 현실에 치여 살면서 외면했던 그 꿈을, 햇살 좋고 바람 부는 어느 날, 조심스레 꺼내 들여다보고 싶은 순간이 올지도 모른다. 스트릭랜드처럼 모두를 충격에 빠뜨리는 방식이 아니라, 우리의 일상에서 아주 조금씩, 그 꿈을 향해 마음과 시간을 내어 발걸음을 옮겨보는 건 어떨까.

나는
누구를
기다리는가

― 사뮈엘 베케트 《고도를 기다리며》

　나이가 어느 정도 들어서야 비로소 그 의미가 더 깊이 다가오는 고전들이 있다. 아일랜드 출신 극작가인 사뮈엘 베케트(1906~1989)의 부조리극 《고도를 기다리며》도 내게는 그런 책 가운데 하나였다. 1969년 노벨문학상을 수상한 작가의 《고도를 기다리며》를 처음 알게 된 건 대학 신입생 때, 동아리 선배를 통해서였다. 선배가 들려준 이 희곡의 줄거리는 이랬다.

　"두 주인공이 처음부터 끝까지 '고도'를 기다려. 그런데 결국엔 '고도'가 나오지 않아. 끝나고 나서도 고도가 누구인지 아무도 몰라."

그 말을 들었을 때, 솔직히 '무슨 이런 황당한 내용이 다 있나!' 싶었다.

"그래서 부조리극이라 불리는 거겠지."

당시 그 선배도, 나도 이십 대 초반이었고, 인생에서 무언가를 혹은 누군가를 기약 없이 계속 기다린다는 개념은 잘 와닿지 않았다. 그 시절 우리의 청춘도, 사회 분위기도 기다림보다는 분주함과 치열한 생존에 가까웠기 때문이다.

그 후 세월은 참 빠르게 흘렀다. 삶의 단맛, 짠맛, 씁쓸함과 텁텁함을 다 알고 나서 중년이 된 지금, 《고도를 기다리며》를 다시 읽었을 때는 전혀 다른 느낌이었다. 도서관 고전문학 북클럽 회원들과 함께 읽고 토론하는 자리였는데, 마침 원로 배우들이 출연한 동명의 연극이 큰 화제를 모으고 있던 시기여서 더욱 관심 있게 읽게 되었다. 역시나 책에 대한 반응은 연령대에 따라 크게 엇갈렸다. 젊은 회원 중에는 "불편하고 지루했어요. 아무말 대잔치 같았고, 뭔가 의미 있는 내용이 나올 줄 알고 끝까지 읽었는데, 끝내 나오질 않아서 당황스러웠습니다."라고 말하는 이도 있었다. 반면, 인생의 굴곡을 어느 정도 경험한 이들은 "처음엔 이해가 안 갔는데, 두 번째 읽으니 다르게 느껴졌어요. 시지프 신화처럼 반복되는 삶 속에서 나 자신이 보였어요. 이야기 구조는 허술한 듯 보이지만, 오히려 그 허술함이 작가의 치밀한 계산처럼 느껴졌어요."라는 반응을 보였다.

1막과 2막이 반복적 대칭구조로 이루어진 이 극의 줄거리는 극도로 단순하다. 주인공 에스트라공과 블라디미르는 같은 장소, 같은 시간에 매일 '고도(Godot)'를 기다린다. 지루함을 견디지 못해 의미 없어 보이는 말들로 시간을 보낸다. 나무에 목을 매 자살하려 하지만, 고도가 올까 봐 죽지도 못한다. 자리를 뜨고 싶어도, 그 사이 고도가 올지도 모른다는 생각에 떠나지 못한다. 그들의 대사는 거의 노래의 후렴구처럼 반복된다.

> 에스트라공 : 그만 가자
> 블라디미르 : 가면 안 되지
> 에스트라공 : 왜?
> 블라디미르 : 고도를 기다려야지
> 에스트라공 : 참 그렇지

이런 상황을 가리켜 에스트라공은 "우리가 그 작자(고도)에게 꽁꽁 묶여 있는 것 같다"라고 푸념한다. 기다림에 지쳐 포기하려는 순간마다 '소년'이 등장해 고도가 오늘은 못 오지만 내일은 꼭 올 거라는 소식을 전하고 떠난다. 하지만 내일이 되어도 고도는 오지 않고, 소년은 또다시 같은 말을 반복한다. 기다림은 그렇게 계속된다. '소년'은 무엇을 상징할까. 그는 희망의 끈을 놓지 않게 만드는 자기 암시일 수도, 위기 속에서 기대고 싶은 정신적 멘토일 수도 있겠다. 삶이 고단할수록 사람은 쉽게 포기하지 못하도록, 어딘가로부터 희망의 신호를 애써 만들어낸다. 소년은 그런 '희망 고문'의 상징처럼 보인다.

극 중 또 다른 인물 포조와 럭키도 인상적이다. 에스트라공과 블라디미르가 추상적인 존재인 '고도'를 기다린다면, 포조와 럭키는 지극히 현실적이다. 럭키는 무거운 트렁크를 들고 주인 포조의 명령에 복종하며, 자기 적성에 맞지 않는 일을 수행하고 있다. 1막에서 포조는 그를 채찍으로 때리며 지배하는 인물로 등장하지만, 2막에서는 포조가 맹인이 되고, 럭키는 실어증에 걸린다. 이 변화는 인간관계의 불완전성과 권력의 유한함을 보여준다. 강자와 약자의 위치는 언제든 뒤바뀔 수 있음을 암시한다.

　미국 초연 당시, 연출가 알랭 슈나이더가 "고도는 누구냐"라고 묻자, 베케트는 "내가 알았으면 극 속에 썼을 것"이라 답했다고 한다. 이 말처럼 '고도'는 작가가 답을 정해준 특정 존재가 아니다. 에스트라공과 블라디미르가 계속 기다렸던 '고도'가 누구인지는 사실 중요하지 않다. 독자 스스로 자신의 인생에서 기다리고 있는 자신만의 '고도'가 무엇일지 생각해보는 것이 더 중요하다.

　《고도를 기다리며》는 부조리극의 형식을 통해 인간 존재의 본질을 묻는다. 목적도 답도 없이 반복되는 하루 속에서, 우리는 의미를 찾기 위해 애쓴다. 희망은 늘 내일을 말하지만, 그 내일이 와도 희망은 좀처럼 손에 잡히지 않는다. 그럼에도 불구하고 인간은 언제나 기다리는 존재다. 기다림은 때때로 허망하지만, 그 허망함마저도 삶의 일부일지 모른다.

　사람은 태어나는 순간부터 죽는 날까지 무언가를 기다리며 살아간다. 좋은 날이 오기를, 자유로워지기를, 살림살이가 좀 나아지기를, 평안한 날이 오기를 기다리고 또 기다린다. 기다릴 것이 있어야 삶에 소망이 생긴다. 그러니 각자가

기다리는 인생의 '고도'는 모두 다를 수 있다. 행복, 구원, 사랑, 만족, 삶의 의미, 또는 그 어느 날 슬며시 다가올 죽음일 수도 있다. 무엇이든, 그 기다림의 총합이 모여 삶이 된다. 나에게 이 책은 내 삶의 '고도'가 무엇인지 진지하게 되돌아보게 하는 계기였다. 쉽지 않은 작품을 끝까지 읽고 나니, 무수한 기다림으로 이어진 삶을 바라보는 내 시선도 조금은 달라져 있었다.

간소하게,
간소하게,
간소하게 살라

– 헨리 데이빗 소로우 《월든》

간소하게, 간소하게 살라!

제발 바라건대 그대의 일을 두 가지나 세 가지로 줄일 것이며, 백 가지나 천 가지가 되도록 하지 말라!

자신의 인생을 단순하게 살면 살수록 우주의 법칙은 더욱더 명료해질 것이다.[40]

---

40   141쪽, 은행나무

이사를 앞두고 오래도록 공간만 차지하던 물건들을 정리했다. 정작 공간의 주인은 사람이어야 하는데, 나는 그동안 물건에 눌려 살았음을 새삼 깨달았다. 1년 내내 손도 대지 않았던 물건들이 아깝다는 이유로 펜트리와 벽장, 선반을 빼곡히 채우고 있었다. 3주에 걸쳐 버리고, 나누고, 당근에 중고 거래를 하면서 짐이 훨씬 줄었다. 이참에 헨리 데이빗 소로우(1817-1862)가 《월든》에서 강조한 "간소하게 살라"는 말을 실천해 보기로 했다.

우선 책장부터 정리했다. 읽지 않은 채 방치된 책들이 가득했다. 시의성이 지난 자기계발서, 트렌드가 바뀐 마케팅 서적들을 정리하고, 꼭 읽고 싶은 책, 두고두고 다시 읽고 싶은 책들만 남겼다. 책장 하나가 통째로 비워지자, 그 공간만으로도 마음이 가벼워졌다. 이어서 옷장도 손봤다. 2년간 입지 않은 옷, 앞으로도 입지 않을 옷들을 골라냈다. 물건이 줄어들수록 속이 후련해졌다. 하지만 이사 후 시간이 지나자 다시 물건들이 슬그머니 늘어났다. 정기적으로 정리하지 않으면 어느새 공간은 또다시 점령당한다. 그럴 때마다 나는 《월든》의 한 구절을 떠올린다.

"내가 숲속으로 들어간 것은 인생을 의도적으로 살아보기 위해서였으며, 인생의 본질적인 사실들만을 직면해 보려는 것이었으며, 인생이 가르치는 바를 내가 배울 수 있는지 알아보고자 했던 것이며, 그리하여 마침내 죽음을 맞이했을 때 내가 헛된 삶을 살았구나 하고 깨닫는 일이 없도록 하기 위해서였다."[41]

소로우는 27세에 고향 콩코드 근처 월든 호숫가로 들어갔다. 나무를 베어 직접 지은 4평짜리 오두막에서 감자와 강낭콩을 심고, 물고기를 잡으며 2년 2개월을 살았다. 그 생활을 통해 그는 한 사람이 살아가는 데 필요한 것이 놀라울 만큼 적다는 걸 깨달았다. 소유가 많아야 행복하고 자유로울 것 같지만, 실상은 그 반대였다. 지나친 소유는 오히려 인간을 물질에 종속시킨다. 그는 인간이 필요 이상의 사치를 줄이면, 1년에 약 6주만 일해도 생활에 충분한 비용을 마련할 수 있다고 말한다. 그 덕분에 여름 대부분과 겨울 내내 독서와 사색에 몰두할 수 있었다. 끊임없는 소비와 노동에 지쳐

---

41 138쪽, 은행나무

신체와 정신을 소진하는 오늘날의 우리에게, 소로우의 검소한 생활방식은 여전히 깊은 울림을 준다.

"우리의 인생은 사소한 일들로 흐지부지 헛되이 쓰이고 있다. 간소하게, 간소하게, 간소하게 살라."

그는 사소하고 헛된 일들에 대한 걱정과 강박에서 한 발짝만 벗어날 수 있다면, 삶이 좀 더 가벼워지고 즐거워질 수 있다고 말한다. 이는 현대적으로 말하면 미니멀리즘과 일맥상통한다. 꼭 필요한 것만 남기고 본질에 집중하는 삶이자, 소비보다 사유에, 성공보다 자유에 무게를 두는 삶이다.

그는 이웃과 1마일이나 떨어진 외딴 숲속에서 살았지만, 외로움을 느끼지 않았다. 비 오는 날 지붕을 두드리는 소리와 솔잎 사이로 스며드는 바람, 잔잔한 호수의 표면을 바라보며 그는 오히려 더 깊은 교감을 느낀다.

"사람이 사람 곁에 있을 때만 친밀함이 생기는 것은 아니다."

그의 말처럼, 때때로 가장 따뜻한 교감은 침묵 속에서 자연과 나누는 감응일지도 모른다. 나는 소로우처럼 완전히 숲으로 들어가서 살 용기는 없지만, 자연 휴양림 속 캠핑 경험에 비추어 볼 때 자연과의 교감이 우리의 마음을 얼마나 평안하게 하는지는 잘 알고 있다. 스트레스 많은 현대인에게 자연 친화적인 삶이 꼭 필요하다는 생각에 공감한다.

소로우는 남들이 만든 길만 따라 걷는 삶도 경계했다.

"당신 안의 신세계를 발견하라."

그는 관습이 만든 좁은 울타리를 벗어나야 비로소 삶은 새로워지고, 생각이 살아난다고 강조한다. 그의 말은 오늘을 살아가는 우리에게도 유효하다. 가장 '나'다운 삶을 고민하고, 내 삶의 속도를 잠시 늦추고, 나만의 리듬을 찾아, 내면의 소리에 귀를 기울이는 시간이 필요하다. 그래야 물질만능주의에 휩쓸려 과도한 노동으로 생의 시간을 저당 잡히지 않을 수 있다. 소유에 휘둘리지 않고, 삶의 본질을 다시 붙들기 위해 소로우가 깨달은 이야기들에 귀를 기울일 필요가 있다.

《월든》은 단순히 자연주의를 주장하는 책이 아니다. 우리가 놓치고 있는 삶의 근원을 되돌아보게 하는 깊은 철학이 담긴 책이다. 나는 오늘도 도시에서 분주하게 살아가지만, 가끔은 내 마음속 월든 호숫가로 조용히 떠날 채비를 한다. 그곳에서 소로우의 목소리를 다시 듣는다. 단순하게, 본질적으로, 그리고 무엇보다 나답게 살아가기로 다짐하며.

끝내
패배하지 않는
삶

- 어니스트 헤밍웨이 《노인과 바다》

―

　세월 앞에 장사 없다. 누구나 나이가 들면 몸이 예전 같지 않다. 가뿐히 오르던 계단이 이제는 숨이 차고, 감기에라도 걸리면 며칠은 골골대야 겨우 회복된다. 관절에 힘이 빠지고, 어깨가 뻐근하고, 좋았던 눈이 갑자기 나빠져 다초점 렌즈 안경 없이는 생활이 불가능하다. 젊은 시절엔 느끼지 못했던 몸의 변화가 하나둘씩 신호를 보내오기 시작하면 '이제 나도 나이 들었구나.' 하고 실감하는 순간들이 찾아온다. 시기와 정도의 차이만 있을 뿐 노화는 누구에게나 예외 없이 찾아온다. 그런 의미에서 어니스트 헤밍웨이

(1899~1961)가 쓴 《노인과 바다》의 주인공 산티아고는 우리 모두의 미래를 먼저 살아가는 존재다. 기운 빠진 몸과 고독한 마음을 이끌고 다시 바다로 나아가는 그의 뒷모습엔 나이 듦을 견디는 품위와 생의 마지막까지 놓지 않는 불굴의 의지가 담겨 있다.

《노인과 바다》는 너무 유명해서 읽지 않았어도 읽은 듯 익숙한 작품이다. 그러나 마음먹고 다시 읽으면, 처음 읽는 듯 전혀 다른 얼굴로 다가온다. 이 이야기 속에 이렇게 많은 상징과 은유가 있을 줄은 몰랐고, 헤밍웨이 특유의 위트와 유머가 넘실댈 줄은 또 몰랐다.

줄거리 자체는 지극히 단순하다. 오랫동안 고기를 잡지 못하던 노인 산티아고가 홀로 바다에 나가서 거대한 청새치를 낚지만, 피 냄새를 맡고 몰려든 상어 떼와 사투를 벌인 끝에 살점은 모두 뜯기고, 청새치의 머리와 꼬리, 앙상한 뼈만 매단 채 사흘 만에 귀환하는 이야기다. 1952년에 발표한 이 작품으로 헤밍웨이는 오랜 부진을 딛고 퓰리처상과 노벨문학상을 연이어 거머쥐며 다시 문학사에 자신의 이름을 새겼다. 그에게 《노인과 바다》는 단순한 작품이 아니라, 작가로서의 명예를 되찾게 한 월척이었던 셈이다.

이 작품에서 가장 인상 깊은 것은 노인 산티아고와 소년 마놀린의 끈끈한 유대다. 피 한 방울 섞이지 않은 이들 사이에는 가족보다 더 깊은 애정과 신뢰가 흐른다. 노인은 소년에게 고기잡이를 가르쳐 준 스승이자 친구였고, 노인에게 소년은 망망대해에서 다시 집으로 돌아와야 할 삶의 이유였다. "그 애가 곁에 있었으면 얼마나 좋았을까."라는 혼잣말을 노인은 사흘간의 사투를 벌이는 동안 열두 번이나 반복한다. 늙어서는 누구도 혼자 있어서는 안 된다는 그의 말처럼, 두 사람은 세대를 뛰어넘어 서로에게 '운'을 나눠주는 존재다. 몸이 쇠약해질수록 사람은 더욱 관계에 의지하게 된다. 산티아고에게 가장 간절한 건 청새치가 아니라, 곁에서 함께 싸워줄 소년이었다. 노년기의 진짜 결핍은 체력이 아니라 '함께 있는 누군가의 존재'인지도 모른다.

산티아고는 한때 팔씨름 대회에서 우승할 정도로 강하고 능숙한 어부였다. 하지만 지금은 연속 84일째 고기를 한 마리도 잡지 못하는 노인이 되어 사람들에게 '살라오(salao, 가장 운이 없는 사람)'라고 불린다. 그러나 그는 포기하지 않는다. 85일째 되는 날, 오히려 재수가 좋을 것 같다며 홀로 더 먼바다로 나아간다. 그리고 마침내 전체 길이 5.5미터, 무게 700킬로그램에 달하는 거대한 청새치를 낚아 배에 묶는다. 일견 세상을 다 얻은 듯하다. 하지만 이내 상어 떼의 습격을 받게 되고, 청새치의 모든 살점을 잃는다. 그 과정에서 노인은 끝까지 싸운다. 손은 찢기고 몸은 쇠약해져도 그는 포기하지 않는다. 물고기와 대화하고 상어에게 욕을 퍼붓고, 위트를 잃지 않는 그에게서 고독을 견디는 방식이자, 인간다운 품격이 느껴진다.

"인간은 패배하도록 창조된 게 아니다. 인간은 파괴될 수는 있어도 패배할 수는 없다."

이 문장은 산티아고의 독백이자, 삶의 진실을 꿰뚫는 헤밍웨이의 고백이다. 집으로 돌아온 그는 피투성이 손을 이끌고 다시 침대에 쓰러져 잠이 든다. 그의 곁엔 소년이 조용히 앉아 손을 매만지며 눈물을 흘린다. 노인은 다시 젊은 시절 아프리카 해변에서 보았던 사자의 꿈을 꾼다. 그것은 단순한 회상이 아니라, 끝까지 잃고 싶지 않은 자유와 용기를 상징하는 장면이라는 생각이 든다.

그러나 이처럼 '패배하지 않는 인간'의 서사를 그려낸 작가가 몇 년 뒤에 스스로 생을 마감했다는 사실은 충격으로 다가온다. 그의 죽음은 작품이 전하는 메시지와 모순되는 듯 보이기도 한다. 《노인과 바다》 이후 그는 우울증, 건강 악화, 전기충격 치료에 시달리며 점차 창작의 불꽃을 잃어갔다고 한다. 어쩌면 그의 불행한 선택 또한 산티아고처럼 끝까지 싸우다 쓰러진 한 인간의 마지막 항해였는지도 모른다. 헤밍웨이는 건강이 무너지면서 문학적 창작을 할 수 없는 삶의 고통과 절망 속에서 자기 자신과 싸웠고, 그 싸움의 흔적은 단단한 문장으로 남아 오늘날 우리에게 전해진다. 산티아고는 곧 헤밍웨이 자신이었고, 《노인과 바다》는 그의 마지막 고백이었는지도 모른다.

나이가 들면 육체는 점점 쇠락하지만, 정신적으로는 패배하지 않는 마음, 평온하고 단단한 마음을 끝까지 붙들 수 있다면 얼마나 좋을까. 인생의 파고에 휘청일 때마다, 청새치의 뼈만 남은 듯한 상실감에 시달릴 때마다, 산티아고의 고독한 항해를 떠올리며 마음을 다잡을 수 있다면. 분명 쉽지 않은 일이다. 역경 속에서도 품위를 잃지 않는 인간의 존엄, 그 단단한 마음이 그 어느 때보다 필요한 세상이다.

차마
말할 수 없어 글이 되었고,
견딜 수 없어 문학이 되었다

– 박경리 《토지》

중고등학교 시절, 역사 과목은 그저 외워야 할 대상이었다. 연도, 인물, 사건명… 줄을 긋고 달달 외운 뒤, 객관식 문제에서 정답만 고르면 끝이었다. 하지만 그런 방식으로는 역사의 고통도, 그 안에서 살아간 사람들의 숨결도 느낄 수 없었다. 역사를 제대로 이해하고 공감하기 위해서는 문학의 도움이 필요하다. 그 시대를 살아낸 사람들의 이야기, 그들이 견뎌낸 언어를 통해서야 비로소 역사는 살아 움직인다. 박경리(1926~2008)의 대하소설 《토지》는 그런 문학의 정수다.

1897년 한가위를 시작으로 1945년 8월 15일 광복의 순간까지, 반세기 가까운 세월을 아우르며 이 땅의 역사와 사람들을 정밀하게 그려낸 작품이다. 《토지》를 읽는다는 건 단지 한 편의 소설을 따라가는 일이 아니라 시대와 사람, 땅과 생명을 함께 체험하는 일이다.

　2023년 2월 1일부터 《토지》 완독에 도전했다. 20권에 이르는 방대한 분량과 600명이 넘는 인물, 수십 년에 걸친 서사를 감당할 수 있을지 두려웠지만, '함께 읽기'라는 공동체의 힘을 빌려 마침내 2023년 12월 26일, 완독의 기쁨을 누릴 수 있었다. 한 해 동안, 이 책과 함께 한 시간은 나에게 독서 이상의 의미로 남았다. 11개월에 걸쳐 매일 끼니를 챙기듯 하루도 빠짐없이 《토지》를 읽었다. 하루의 루틴이었다.

　소설은 경상남도 하동 평사리의 대지주 가문, 최참판댁의 몰락으로 시작된다. 이후 주인공 서희는 몰락한 양반가의 여식으로, 가문의 권위보다는 자신의 삶을 꿋꿋하게 개척하는 길을 선택한다. 서희를 중심으로 연결된 여러 등장인물의 삶은 하동을 넘어 진주, 부산, 서울, 간도, 일본, 러시아 블라디보스토크에까지 이른다. 지역과 국경을 넘어 격변하는 시대의 물결 속을 헤엄쳐 나간다.

무엇보다 놀라운 건 인물의 폭과 깊이다. 토지 인명사전이 따로 필요할 만큼 인물 숫자가 많은 것뿐 아니라 계층, 성별, 이념, 시대에 따라 각기 다른 결을 지닌 인물들의 캐릭터가 생생하다. 서희, 봉순이, 임명희, 강선혜, 양현, 유인실 같은 여성 인물들은 서로 다른 방식으로 시대를 견뎠고, 이상과 현실 사이에 방황했던 길상, 이상현, 김환, 반듯했던 환국과 윤국, 기회주의자로, 친일파로 일신의 영달을 위해 살다 간 조준구와 김두수 같은 악역도 인상적이다. 야무네, 몽치, 두메, 주갑, 강쇠, 영팔 같은 사람들은 낮은 곳에서 묵묵히 삶을 지켜냈다. 이용과 월선의 지극한 사랑도 가슴 먹먹하게 한다. 무엇보다 작가의 분신처럼 느껴지는 장연학은 심기가 견고하고 일머리가 좋아, 온갖 인물의 대소사를 세심히 살핀다. 작가가 그에게 대하소설의 대미를 장식하게 한 것은 각별한 애정으로 느껴진다.

다양한 유형의 사람들을 살펴보면서 인간에 대한 연민을 느끼는 것은 물론, 인간 본성을 관찰할 수 있게 하는 탁월한 소설이다. 반면교사로 삼을 만한 인물이 참 많다. 또한 삶은 뜻대로 되지 않는, '풀리지 않는 수수께끼 같은 것'이라는 강선혜의 자조 섞인 말에서 작가가 인생을 바라보는 관조적 관점과 메시지도 읽을 수 있다.

《토지》를 읽으며 놀라운 건 단지 인물의 숫자나, 이야기의 스케일만이 아니었다. 이 작품이 지닌 문학적 성취는 그 자체로 한국 문학사의 정점이라 할 만하다. 단일 작가에 의해 완결된 대하소설로는 유례없는 규모이자 밀도를 갖춘 이 작품은 역사와 문학, 개인과 민족, 언어와 삶의 모든 층위를 오롯이 품고 있다.

작품 속에는 조선 말~일제강점기를 살아간 사람들의 일상 풍속, 신앙, 가족 구조, 교육관 등 다양한 사회문화적 요소들이 풍부하게 담겨 있다. 이는 문학을 넘어 하나의 문화사적 기록으로서도 큰 가치를 지닌다. 장례, 혼인, 여성의 위치, 남녀 갈등, 음식과 술 문화까지 《토지》는 한 시대의 정서와 생활을 고스란히 품고 있어 읽는 것만으로 그 시대로 시간 여행을 다녀온 듯하다.

11개월에 걸쳐 느린 호흡으로 읽어나가면서, 처음에는 경상도 사투리는 물론 생소한 어휘 때문에 여러 번 사전을 참조했던 기억이 난다. 새로운 어휘를 익히고, 한자어를 살펴보고, 문장을 유심히 들여다보게 한 작품이다. 박경리 작가의 엄청난 필력에 매 순간 감탄하면서 필사해야 할 구절이 넘쳐나 빠르게 진도를 나갈 수 없는 구간이 너무 많았다. 우리가 잊고 있던 우리말의 깊이를 되새기게 된 계기였다. 글쓰기에 관심 있는 사람들의 뒷조사(?)를 해보면 어김없이 그들에게 《토지》 완독 경험이 있다는 공통점이 있었다. 나를 《토지》 완독 여정에 도전하게 만든 계기 중의 하나였다. 박경리 작가처럼 우리말 대가의 글을 장시간 읽다 보면, 자연스럽게 무엇이라도 쓰고 싶어진다. 그리고 《토지》를 완독하면 그 어떤 분량의 책도 겁 없이 덤빌 용기가 생긴다.

식민지 수난의 시대가 마침내 끝나고, 해방의 날이 찾아온다. 일본의 항복 소식을 전해 듣고 양현과 부둥켜안은 서희의 모습과 장연학이 나룻배에서 내려 두 팔을 번쩍 들고 "만세! 우리나라 만세! 아아 독립 만세!"를 외치며 춤을 추는 마지막 장면은 민족 해방의 순간이자, 길고 길었던 대하소설을 집필하느라 스스로를 '글 감옥'에 가두어야 했던 작가 박경리 자신의 해방 선언처럼 느껴진다. 실제로 《토지》의 탈고 일이 1994년 8월 15일 새벽이었다는 사실은 그 울림을 더욱 깊게 만든다.

《토지》를 읽고 난 뒤에도, 책은 끝나지 않았다. 문장을 따라 걸었던 시간은 내 안에 고스란히 남아 삶을 바라보는 시선과 생각의 깊이를 바꾸어놓았다. 거대한 이야기를 완주했다는 성취감도 있었지만, 무엇보다 소설 속 인물들과 나란히 숨 쉬며 하루하루를 살아낸 듯한 감각이 오래도록 가슴에 남는다. 어느 날엔 서희의 단단한 침묵을, 또 어느 날엔 장연학의 관조와 너그러움을 닮고 싶었다. 언젠가 다시 이 책을 펼치게 될 때, 나는 또 어떤 사람으로 달라져 있을까. 《토지》는 그렇게 삶의 한 시기를 함께 통과한 벗처럼, 먼 훗날에도 곁에 두고 싶은 이야기다. 문학이 사람을 바꾼다면, 그것은 이토록 길고 조용한 방식일 것이다.

세상의 소음 속에서도
나를 잃지 않게 하는
글쓰기

- 조지 오웰 《나는 왜 쓰는가》

―

    나는 '백일 글쓰기 카페'를 통해 현재 600일 넘게 글을 써 오고 있다. 그 카페의 운영자는 이미 2,800일 넘게 연속 글쓰기를 이어오고 있고, 회원 중에도 2,000일을 넘긴 분들이 적지 않다. 요즘 주변을 둘러보면, 이처럼 글쓰기에 진심인 사람들이 참 많다. 누구나 손쉽게 자신의 글을 세상에 공개할 수 있는 시대이다 보니 블로그, 브런치 같은 온라인 플랫폼에는 매일 수많은 글이 올라온다. 사람들은 왜 이렇게 부지런히, 성실하게 글을 쓰는 걸까. 그리고 나는 왜 글쓰기를 계속하고 있는가. 그 물음에 조용히 길을 비춰주는 글이 있다. 바로 조지 오웰(1903~1950)의 산문집 《나는 왜 쓰는가》에 실린 동명의 에세이다. 글을 쓰는 사람이라면 누구나 한 번쯤 마주하게 되는 내적 동기를 오웰은 특유의 명쾌한 논리로 짚어낸다. 그 글을 읽고 나면 우리 모두 자신의 글쓰기 동기를 돌아보게 된다.

조지 오웰은 《동물농장》과 《1984》로 널리 알려진 영국의 작가이자 저널리스트다. 그의 산문집 《나는 왜 쓰는가》에는 식민지 버마 경찰 시절의 이야기, 런던과 파리에서의 빈민 체험, 스페인 내전 참전 경험, 서평가로서의 활동, 그리고 작가로서의 사유와 정치적 입장까지, 삶의 굴곡마다 얻은 통찰과 성찰이 담긴 에세이 29편이 실려 있다. 진솔한 이 글들을 통해 조지 오웰이라는 위대한 작가가 어떤 과정을 거쳐 형성되었는지를 짐작할 수 있다.

오웰에 따르면, 생계를 위한 글쓰기를 제외하면 대부분의 작가가 글을 쓰는 이유는 네 가지로 나뉜다. 첫째는 순전한 이기심, 둘째는 미학적 열정, 셋째는 역사적 충동, 넷째는 정치적 목적이다. 그는 만약 자신이 '평화로운 시대'에 태어났다면 '화려하거나 묘사에 치중하는 책'을 썼을지도 모르고,

정치적 성향에 대해서는 거의 무심한 채 살아갔을지도 모른다고 말한다. 하지만 그는 세계 대전과 스페인 내전, 독재와 식민지 지배라는 험난한 시대를 살았고, 책상머리가 아닌 역사의 현장에서 몸으로 겪은 체험을 바탕으로 글을 써야 했다. 그래서인지 그는 "지난 10년을 통틀어 내가 가장 하고 싶었던 것은 정치적인 글쓰기를 예술로 만드는 일이었다."라고 고백한다. 그 노력의 결실이 바로 《동물농장》과 《1984》였던 셈이다. 전체주의와 독재, 인권탄압, 사회 부조리에 맞서는 그의 정치적 소신은 예술적 글쓰기와 결합하여 위대한 문학의 경지로 승화되었다.

내가 글쓰기에 관심을 가진 것은 언제부터였을까? 곰곰이 생각해보니 벌써 오래전 일이 되어버렸지만, 딸이 사춘기에 접어들면서부터였던 것 같다. 유치원 때 너무 방긋방긋 웃어서 별명이 '방실이'였던 딸이 중학생이 되자 얼굴에서 서서히 표정이 사라지기 시작했다. 방문을 잠그더니, 말문까지 닫았다. 부모와 딸 사이에 서로를 이해할 수 없는 암흑기가 온 것이다. 도대체 저 아이가 무슨 생각으로 저런 행동을 하는지, 왜 갑자기 화를 내는지, 조금 전에 친구와 전화로 수다 떨며 웃던 아이가 왜 부모에게는 짜증을 폭발시키는지 도무지 이해가 가지 않는 일이 수시로 발생했다. 딸은 딸대로 "엄마랑은 도대체가 말이 안 통해. 왜 내 말을 그렇게 못 알아들어?" 하며 짜증을 냈다. 그럴 때마다 나와 남편은 서로의 얼굴을 황당하면서도 애처로운 눈빛으로 쳐다보아야 했다.

그렇게 중1부터 중3 때까지 꼬박 3년간 딸과 나는 공중의 외줄 위에서 아슬아슬하게 곡예를 하듯 위태로운 나날을 보내야 했다. 나는 아이의 불손한 태도와 거친 말에 상처받아 울고, 아이를 야단친 후 속상해서 울고, 자식과 멀어진다는 안타까움에 밤마다 눈이 퉁퉁 붓도록 울었다. 더 엇나가기 전에 잡아야겠다는 엄마와 제발 내 인생에 신경 좀 끄라는 딸의 팽팽한 감정싸움이 계속되었다. 승자는 없고 패자만 있는 사춘기 전쟁터에서 날 선 말의 포탄이 날아다니고 마음의 부상병이 속출했다.

숲에서 길을 잃으면, 판단력이 흐려지듯이 무방비 상태로 자녀의 사춘기 한복판에 떨어진 나는 어찌해야 할지 갈피를 잡지 못했다. 삐딱하게 행동하는 자식 문제를 남들에게 드러내놓고 물어볼 수도 없어 속으로만 끙끙 앓았다. 그때부터였다. 내가 아무 글이나 쓰기 시작했던 것이. 일기장을 꺼내 울면서 성토했고, 새벽마다 모닝 페이지를 3장씩 가득 채우며 내면의 목소리를 받아 적기 시작했다. 나는 왜 딸을 용납하지 못하는지, 어쩌자고 모범생 콤플렉스를 벗어나지 못하는지, 나의 근원적 두려움이 무엇인지, 마음속 깊은 곳에서 울고 있는 나의 내면 아이를 어떻게 달래주어야 하는지 하나하나 들여다보기 시작했다. 이후 인문학 학습 모임에서 100일간 치유와 성장의 글쓰기를 시작했고, 또 100일간 인문학 공부에 매달렸다. 딸의 사춘기가 엄마를 매일 읽고 쓰게 만들었다. 조지 오웰이 살았던 험한 세월이 그를 정치적 글쓰기 작가로 이끌었듯이 딸의 사춘기는 엄마인 나를 바닥까지 낮추어 나 자신을 되돌아보는 글쓰기를 하게 만들었다. 그 시절 열혈 독립 투사였던 딸은 이제 대학을 졸업하고, 사회 초년생으로 첫발을 내디뎠다. 사춘기에 부려야 할 지랄을 충분히 부린 덕분인지 제법 자기 삶을 당차게 살아가고 있다. 엄마와 딸 둘 다에게 고통이 축복의 통로였음을 알게 한 계기였다.

"나는 왜 쓰는가?"

예전에도 나를 바로 알기 위해 썼고, 앞으로도 나 자신으로 제대로 살아가기 위해 쓸 것이다. 조지 오웰이 말한 글쓰기 동기에 비추어 본다면, 나 역시 '순전한 이기심'의 발로로 글을 쓰기 시작했지만, 언젠가는 나의 문장이 누군가의 마음에 작은 위로로 가 닿을 수 있는 울림 있는 글을 쓰고 싶다는 '미학적 열망' 또한 품고 있다. 오늘도 나는 조용히 책상 앞에 앉아, 내 마음을 들여다보며 한 줄씩 적어 내려간다. 백일 글쓰기 카페와 브런치, 블로그의 흰 여백 위에 쌓이는 단어들은, 내 안의 고요한 울림이자 누군가에게 건네는 조심스러운 인사다. 나에게 글쓰기는 인생 후반전을 함께 걸어가는 든든한 길동무, 세상의 소음 속에서도 나를 잃지 않게 도와주는 가장 나다운 목소리다.

Epilogue

최근, 나의 '인생책' 목록에 한 권이 새롭게 추가되었다. 바로 2009년 퓰리처상 수상작인 엘리자베스 스트라우트의 소설 《올리브 키터리지》이다. 13편의 단편을 모은 연작소설집의 주인공은 오랫동안 학교 교사로 일했던 올리브 키터리지다. 고집 세고 무뚝뚝한 올리브를 중심으로 얼기설기 엮인 다양한 인물들이 등장한다. 올리브는 사랑받고 싶고, 이해받고 싶은 속마음과는 달리 겉으로 자신의 마음을 잘 표현하지 않고 살아온 인물이다. 작가는 사람들 사이의 엇갈리는 감정, 가 닿지 않는 사랑, 멀어지는 관계로 인한 외로움과 상처, 결핍을 섬세하게 그려낸다. 그들의 회한 섞인 마음

이 지면을 넘어 독자에게도 고스란히 전해진다.

《올리브 키터리지》속 인물들은 인생의 가장 빛나는 시절엔 그 순간의 소중함을 모르고, 사랑하는 사람이 곁에 있을 땐 무심하게 지나치느라 상대를 외롭게 한다. 언젠가 함께 갈 여행지 안내 팸플릿을 모아 둔 '여행 바구니'가 있었지만, 사랑하는 사람이 먼저 떠나고 난 뒤 그 바구니를 쓸쓸하게 버려야 할 때가 오기도 한다. 사랑을 미루지 말고, 지금 곁에 있는 사람과 최선을 다해 시간을 보내라고 이야기한다. 소설을 읽는다는 것은 타인의 삶을 대리 체험하는 일이요, 그들의 내면에 감정 이입하면서 내 삶을 돌아보는 일이라는 것을 《올리브 키터리지》를 읽으며 새삼 깨닫게 되었다. 책장을 넘기는 동안 올리브와 그녀를 둘러싼 인물들에게서 내 모습이 보이는 바람에 자주 울컥하며 멈춰 서야 했다.

요즘 들어 가족이 더 애틋하고 소중하게 느껴진다. 힘든 세월을 함께 견뎌온 남편에게 새삼 고마운 마음이 든다. 언제나 묵묵하게 가족을 부양하느라 애쓰는 남편과 이제는 성인이 되어 엄마, 아빠를 더 걱정해 주는 아들과 딸에게 진심으로 사랑한다고 말하고 싶다. 그들과 함께 '온 가족 북클럽'

을 만드는 것이 나의 소박한 장래 희망이다.

고전문학을 가까이하면서 내가 달라진 게 하나 있다면, 예전처럼 일희일비하던 조바심을 내려놓게 되었다는 점이다. 아무리 애면글면해도 일어날 일은 일어나고, 누구든 인생의 끝자락에서는 "넌 무엇을 기대했나?" 자신에게 정직하게 답해야 하는 순간이 온다는 사실을 기억하고자 한다. 그러니 이제 더 이상 남의 시선을 의식하느라 자기 자신을 힘들게 하고, 남의 꿈을 따라 사느라 사랑하는 사람들을 외롭게 하지는 말자고 결심한다. 간소하게, 진솔하게, '진짜 나'로 살아보고 싶다.

나는 새벽형 독서 활동가다. 지금, 이 글도 새벽에 일어나 쓰고 있다. 어쩌다 내가 이렇게 새벽에 읽고 쓰는 사람이 되었을까. 그 기원을 가만히 따라가 보니, 부모님의 영향이었다는 생각이 든다. 어린 시절, 아버지의 서재에 있던 큰 책상 밑 공간은 우리 집 삼 남매의 단골 '약속 장소'였다. '맹물 다방'이라고 이름 붙인 그곳으로 아버지가 안 계신 낮에 우리는 자주 기어들어가 '맹물'차 한 잔 마시면서 소꿉놀이의 주요 이슈를 논의하곤 했다. 당시 서재의 책장에는 브리태니

커 백과사전부터 두꺼운 문학, 종교, 철학 서적이 가득했고, 《뿌리 깊은 나무》 정기간행물이 빼곡히 꽂혀 있었다. 아버지에게서 책을 사랑하는 마음을 물려받은 것이 분명하다. 아버지는 평생 책을 모으고 읽고 쓰고 부지런히 그 내용을 사람들과 나누셨다. 또한 어머니에게는 새벽형 인간의 부지런함을 물려받았다. 비가 오나 눈이 오나 평생 새벽기도를 거르지 않는 어머니의 신실한 마음과 기도 덕분에 나는 인생의 고비마다, 눈물을 훔치며 다시 일어설 수 있었다. 책을 쓰겠다고 오래전부터 노래를 부르다시피 했는데, 드디어 두 분께 이 책을 보여 드릴 수 있어 가장 뿌듯하다. 두 분은 나의 영원한 지원군이시다.

2011년부터 인문학 공부와 글쓰기에 관심을 가지게 되면서 책 쓰기는 나의 오랜 로망이었지만, 부족한 재능과 부끄러운 원고 앞에서 망설임이 계속되었다. 이번에도 포기하고 싶은 순간이 많았지만 'NOW OR NEVER!'의 심정으로 버텼다. 여러모로 도움을 주신 출판사 관계자분들께 진심으로 감사드린다.

인생 2라운드는 좋은 사람들과 좋은 시간을 더 많이 보내고 싶다. 나의 사랑하는 가족과 친구들, 글쓰기 모임의 문우들, 옛 직장 동료들, 든든한 믿음의 동역자들, 인문학습공동체의 동료 선생님들, 그리고 고전문학을 사랑하는 학인들과 더 많이 웃고 즐기면서 어제보다 오늘 조금 더 성장하는 사람으로 한 걸음씩 걸어가고 싶다. 그 길에 길동무가 되어주실 여러분 모두에게 사랑과 행복, 은총이 가득하길 간절히 기도한다.

나는 왜 고전이 좋았을까

펴낸날 초판 1쇄 2025년 7월 15일

지은이 신은하
펴낸이 김선규
펴낸곳 더케이북스
출판등록 2019년 10월 31일 제2019-000124호
(07788) 서울시 강서구 마곡중앙로 161-8 두산더랜드파크 B동 1007호
전화 010-9085-2936
팩스 0504-185-2936
thekbooks@naver.com

ISBN 979-11-992893-0-7 (03810)

이 도서의 국립중앙도서관 출판시도서목록(CIP)은 서지정보유통지원
시스템 홈페이지(http://seoji.nl.go.kr)와 국가자료공동목록시스템
(http://www.nl.go.kr/kolisnet)에서 이용하실 수 있습니다.

- 책값은 뒤표지에 표시되어 있습니다.
- 잘못된 책은 구입하신 서점에서 교환해 드립니다.

책임편집 서지영